そして誰もマスコミを信じなくなった

共産党化する日本のメディア

潮 匡人

# まえがき

先の都知事選は、護憲派の衰退を象徴する結果となった。護憲派の各党と「市民団体」が挙《こぞ》って擁立した鳥越俊太郎候補が惨敗した経緯は記憶に新しい。

だが、彼らの認識は違う。たとえば「しんぶん赤旗」(日本共産党中央委員会)は一面トップ記事の見出しをこう掲げた。

「東京都知事選　鳥越氏が大健闘　野党と市民の共闘発展」(二〇一六年八月一日付)

リード文でも「参院選で始まった野党共闘の流れは、首都・東京で三十数年ぶりの野党統一候補に実りました」と自画自賛。記事の最後はこう結ぶ。

「小池、増田両氏ともに、舛添都政の基本路線を継承するとともに、自民党が担いだ知事が2代続けて政治とカネの問題で途中辞職したことについて無反省な態度を示しました」

平たく言えば、自称「護憲」陣営の負け惜しみである。逆ギレと呼んでもよい。客観的な事実はどうだったたか。改めて数字を示そう。小池百合子候補は二百九十一万二千六百二十八票を獲得し、見事当選。与党が擁立した増田寛也候補は百七十九万三千四百五十三票で次点。他方、鳥越俊太郎候補は百三十四万六千百三票と第三位に留まった。鳥越候補の得票数は小池候補の半数にも満たない。さらに言えば、小池・増田両候補の得票数の合算は四百七十万六千八十一となり、鳥越候補の約三・五倍にのぼる。以上の数字と事実を踏まえて報道するなら、記事の見出しは、たとえば以下のようになろう。

「東京都知事選　鳥越氏が大惨敗　野党と市民の共闘失敗」

先の見出しは、惨敗を「健闘」と呼び、失敗を「発展」と言い換えた。まるで〝大本営発表〟ではないか。いまも彼らには〝失敗の本質〟が見えていない。もはや歴史的な役割を終えた。そう断じてよかろう。

本書は一昨年刊の『ウソが栄えりゃ、国が亡びる』（KKベストセラーズ）、昨年刊の『護憲派メディアの何が気持ち悪いのか』（PHP新書）に続く、第三弾となる。前著と同様、敬称は略した。肩書は発言当時とした。

本書を企画くださったのは『月刊Ｈａｎａｄａ』（飛鳥新社）の花田紀凱《かずよし》編集長である。書籍化に当たり、同編集部の沼尻裕兵さんと、飛鳥新社出版部第一編集の工藤博海副編集長のお世話になった。本書は、この一年間に月刊『正論』（産経新聞社）、月刊『Ｖｏｉｃｅ』

（ＰＨＰ研究所）、月刊『Ｗ：ｉＬＬ』（ＷＡＣ）や産経新聞の総合オピニオンサイト「ｉＲＯＮＮＡ」に寄稿した内容がベースになっている。繰り返し発言の場を提供して下さった関係者の皆さまに、この場を借りて心より御礼申し上げる。

そして誰より、本書をご購読くださった皆さまに、深甚なる謝意を表したい。

潮匡人

平成二十八年（二〇一六年）八月十五日

# そして誰もマスコミを信じなくなった
## 共産党化する日本のメディア

◉目次

## 第3章 暴力革命政党の詭弁と欺瞞 61

第8章　ドラマも、映画も、真っ赤に染まる　179



第9章　だから誰もマスコミを信じなくなった　205

# 第1章

# シロアリが日本を喰い尽くす

## 「シロアリ」と仲直り？

二〇一六年六月九日、ついに人民解放軍（中国海軍）のフリゲート（艦）が尖閣諸島周辺の接続海域に入った。「海警」の艦船ではなく、名実ともの「軍艦」を侵入させてきた。東シナ海をめぐる海洋安全保障環境は新たなステージに入ったと評してよかろう。

その日の夜、ＢＳフジで生放送された「プライムニュース」のテーマは『石破大臣×前原元外相　一触即発の危機を読む　中国軍艦が尖閣初入域』。与党の元防衛相と野党の元外相という論客の組み合わせとなったが、私は以下の発言に注目した。ゲストの石破茂（地方創生担当相）が隣席の前原誠司（民進党ネクスト財務・金融相）に、こう語った。

「杞憂《きゆう》かもしれないけど、知らず知らずのうちに（民進党が）共産党に乗っ取られるようなことは頼むから勘弁してもらいたい。やはり、そこはあまり共産党をなめないほうがいいですね。（中略）共産党の言っていることは昔みたいな教条主義じゃなくなりました。（中略）一般の人がフレンドリーな感じを持つようになってきた。でも本質が変わったとは、私はあんまり思っていない。選挙に勝つために共産党と組んだってことが、やがて乗っ取られるようなことがあれば、日本の国にとってものすごく不幸だよね。それだけは勘弁してね」

けっして「杞憂」ではあるまい。そもそも杞憂は「杞人の憂」ともいい、『列子』の故事にちなむ。古代中国「杞」の男（杞人）が「天が崩れ落ちてくるのではないか」と心配し、食事もノドを通らず、夜も眠れずにいたのを心配した友人が「絶対に崩れない」と安心させようとしたが、男は「月や星が落ちてきたらどうなるのか」と心配したので、再び友人が説明し、安心させたという。

天が崩れ落ちてくる可能性は未来永劫《みらいえいごう》ない。しかし今後、民進党が共産党に乗っ取られる蓋然性《がいぜんせい》はある。その可能性は高い。すでに、その兆候が見て取れる。

それは隣にいた前原誠司が誰よりも承知しているはずである。そう断じる論拠を挙げよう。昨平成二十七年十一月十四日、前原は読売テレビの報道番組で、当時の民主党と日本共産党との選挙協力を巡るスタンスを問われた際、こう率直に語った。

「共産党とはまったく違う。私は京都なので、非常に共産党が強いところで戦ってきた。共産党の本質はよく分かっているつもりだ。シロアリみたいなものだ。ここと協力をしたら土台が崩れる。外交・安全保障は政権交代があってもそれほど大きく変わらない。しかし内政では、小さな政府や新自由主義と対峙していく（という）大きな野党の家を、共産党が主導するのではなく、民主党が中心となって作っていくことが大事だ」

京都は伝統的に日本共産党が強い。私も京都の中学と高校を卒業したので、よく分かる。放送直後から物議を醸《かも》した発言だが、事実関係で間違っているとは思わない。

もし前原に責められるべき点があるとすれば、右の「シロアリ」発言ではなく、昨年こう明言した前原が、今年四月二十三日、（町村信孝前衆院議長の死去に伴う）衆院北海道五区補欠選挙の「野党統一候補」（池田真紀、「無所属」）を応援するため、札幌市内で街宣車の上から支持を訴えた経緯であろう。

街宣車の上には野党各党の議員が立った。前原の右隣には、日本共産党の小池晃《あきら》書記局長の姿があった。日本共産党を「シロアリ」と呼んだ前原が、その中央委員会書記局長という（他党の幹事長に相当する）ナンバー2の要職と街頭演説に並んだわけである。

前原だけではない。民主党政調会長として「共産党と一緒に護憲を掲げるような政党にはなるべきではない」と発言していた細野豪志《ごうし》も、このとき選挙応援に駆け付けた。話題の新刊『日本共産党研究』（産経新聞政治部・産経新聞出版）は「はじめに」で以上の経緯に触れ、《「民共連携」の相当な深まりを印象づけた》と論評している。私もそう思う。

## 「無所属」という名の共産党？

以上の話には続きがある。民進党、日本共産党、社民党、生活の党の野党四党の党首らは六月七日、「野党統一候補」を支援する市民団体で構成する「市民連合」（安保法制の廃止と立憲主義の回復を求める市民連合）との政策合意で共闘をアピールした。

今回の参院選で、野党四党は全国に三十二ある「一人区《いちにんく》」のすべてで候補を一本化した。右の共同記者会見で民進党の岡田克也代表は「憲法改悪のための三分の二の勢力確保を絶対阻止することを掲げて戦いたい」と述べ、共産党の志位和夫委員長も「勝つためには四野党と市民が本気で結束することが必要だ」と訴えた。

その翌々日となったＢＳフジの前出番組で前原は、「野党統一候補」を支援する「市民連合」と四野党の幹部が「共通政策」を確認（合意）した経緯について「私は聞いていない、合意したことを知らないし、党としての決定ではない」と水を差した。

すると放送翌日の六月十日、今度は民進党の岡田克也代表が党本部で記者団に「合意は選挙公約の線のなかに入っている。党のなかで幅広く意見を聞いたわけではないが、誰が見てもそうとしか言えない」と、前夜の前原発言に反論した。かつて民主党の代表まで務めた前原の認識を全否定しながら「誰が見てもそうとしか言えない」と野党合意の正当性を力説したわけである。

党内の手続き論はいざ知らず、本当にこのまま民進党としての決定として、よいのだろうか。野党合意は「安保法制を廃止し、集団的自衛権行使容認の閣議決定を撤回する。安倍政権のもとでの憲法改悪に反対する」とした。だが民進党は、民主党時代から必ずしも憲法改正それ自体に反対してきた政党ではない。にもかかわらず、今回、民進党は参院選のポスターに「まず、2/3をとらせないこと。」とのキャッチコピーを大書した。これでは、まるで護憲左派政党のポスターではないか。

さらに野党合意では「TPP合意に反対、沖縄の民意を無視した辺野古《へのこ》新基地建設の中止」とも謳《うた》う。だが、それは天に唾する行為であろう。いったん「最低でも県外」と言い出しながら、その後、「学べば学ぶほど」云々《うんぬん》と釈明して前言を撤回。さらにその後、振出しに戻り、日米で辺野古移設を再確認した。

以上、すべて民主党政権下で起きたことである。その当事者が、いまさら「建設の中止」を主張するのは、あまりに無責任ではないだろうか。それこそ「誰が見てもそうとしか言えない」と考える。

所詮、政治は権力闘争である。選挙である以上、勝たねばならない。民進党や共産党など野党四党が、全国三十二の「一人区」すべてで候補者を一本化したのは当然の措置とも言えよう。ただ素朴な疑問がある。彼ら彼女らのなかには「無所属」で選挙戦に臨んだ者が少なくない。それらの候補者が当選した場合、どうなるのか。どの政党にも、会派にも属さず、そのまま「無所属」を続けるのか。だが現実、それは難しい。それでは、参議院での質問時間や政党助成金をもらえない。ゆえに、どこかの政党に入ることになるのであろう。

ならば、それは民進党なのか。それとも日本共産党なのか。あるいは社民党や生活の党なのか。多くの「無所属」候補者が、当選後の行く先を明らかにしなかった。これもまた「無責任」（安倍総理）ではないだろうか。

しかも今回、民進党は小沢一郎（代表の生活の党）と手を組んだ。ならば、いったい民主党時代の分裂騒動は何のためだったのか。訳が分からない。民主党がなぜ政権を失ったのか。まだ理解していないようだ。

## 蝶のように舞い、ハチのように刺せるか

六月八日に新潟県長岡市で行われた合同街頭演説を例に挙げよう（産経ウェブ記事参照）。民進党の安住淳《あずみじゅん》国対委員長は「集団的自衛権とは一言でいえば、他国の戦争に加担するということだ」と国連憲章の明文も国際法も無視し、勝手に定義しつつ、突如、「尊敬する小沢（一郎）先生がおられるが」云々と、生活の党の小沢一郎代表を持ち上げた。いくら選挙戦とはいえ、歯の浮いたようなセリフに驚く。安住は演説でこうも述べた。

「野党統一候補は民進党の候補者でもある。森（裕子）さんは共産党の候補者でもある。社民党や生活の党の候補者でもある。私たちの候補者だ。みんなの候補者ではないか。国会周辺では、アイム・ノット・アベという言葉がはやって、みんなでそれを口ずさんだ。しかし、私は今日、申し上げる。アイム・ノット・アベではない。ウィー・アー・ノット・アベです。私たちみんなでノット・アベではないか。そのことを合言葉に今度の参院選をがんばっていきたい」

「野党は一つだ。これはなかなか容易なことではなかったが、なんとか皆さんの後押しを

いただき、ここまでまいった」

この日は、日本共産党の志位委員長も同趣旨の発言を連ねた（略）。「私たちの候補者」「みんなの候補者」というが、これでは結局どの政党なのか、われわれ有権者には分からない。皆目、見当もつかない。悪意にとれば、卑怯な戦法とも言えよう。詐欺と評することさえできるかもしれない。

以上が私の邪推《じゃすい》でしかなく、正直に本心から「野党は一つ」と言うのなら、なぜ一つの政党として選挙戦に臨まなかったのか。さっさと合併し、「民進共産社民生活党」などと名乗ればよいではないか。

べつに岡田代表や安住国対委員長への批判を展開したいわけではない。ここで問題にしているのは、右の政策合意や統一候補擁立が、日本共産党の主導で進められた経緯についてである。

かつて前原が語ったとおり、「共産党が主導するのではなく、民進党が中心」であることが「大事」であろう。民進党にとって、そこは譲れない一線（レッドライン）ではないのか。それは民進党にとってだけでのレッドラインではあるまい。石破が警鐘《けいしょう》を鳴らしたとおり、選挙に勝つために共産党と組んだ結果、やがて乗っ取られるようなことがあれば、民進党にとってだけではなく、日本にとっての不幸を招く。

日本共産党というシロアリは民進党の土台を崩し、国会の土台を侵食し、やがて日本国の土台を崩壊させる。石破ではないが、それだけは勘弁してもらいたい。日本国にとって、踏み越えてはならないレッドラインである。

ちなみにシロアリ（白蟻）は、昆虫綱ゴキブリ目シロアリ科の昆虫の総称である。自然界には必要なシロアリだが、人間の住む木造住宅には天敵である。黒アリと似ていることから「シロアリ」（白いアリ）と呼ばれるが、実は（ハチの仲間である）アリ（ハチ目）ではなく、ゴキブリの仲間（ゴキブリ目）である。

シロアリはゴキブリ同様しぶとい。奴らは自らの生存のため、安全で快適な場所を探し求めて侵入してくる。エサを求め、寒さ暑さをしのぎ、交尾する相手を求め、家や室内に侵入してくる。われわれには厄介な生物だ。

日本共産党がシロアリなら、彼らが批判する安倍政権や自由民主党は黒アリに譬《たと》えられよう。自然界で黒アリはシロアリを捕食する。シロアリにとって最大の天敵である。

今回の参院選で安倍自民党は黒アリ（ハチ）になれるか。蝶のように舞い、ハチのように刺せるか。そこが最大の問題であった。

もしシロアリが表現として妥当でないなら、いっそ暴力革命政党と呼ぼう。「彼らはいまも暴力革命の方針を堅持している」。月刊『WiLL』(二〇一六年五月号)誌上でそう断じたのは、他ならぬ私である。

## われわれこそ「強権政治に反対する」

決して私の独断ではない。同掲載号発売直前の今年三月二十二日、安倍内閣は《衆議院議員鈴木貴子君提出　日本共産党と「破壊活動防止法」に関する質問に対する答弁書》を閣議決定した。その答弁書は以下のとおり明記する。

《日本共産党は、現在においても、破壊活動防止法に基づく調査対象団体である》

《警察庁としては、現在においても、御指摘の日本共産党の「いわゆる敵の出方論」に立った「暴力革命の方針」に変更はないものと認識している》

《政府としては、日本共産党が、昭和二十年八月十五日以降、日本国内において暴力主義的破壊活動を行った疑いがあるものと認識している》

敵の出方論とは、革命が平和的となるか非平和的(暴力的)となるかは結局、敵の出方によるという「暴力革命の方針」である。右答弁書は、平成元年二月十八日の衆議院予算委員会における石山陽公安調査庁長官（当時）の答弁を借りて、こうも明記した（当時の予算委での質問者は日本共産党の不破哲三）。

「敵の出方論という中には、党の文献等を拝見しておりますると、簡単に申しますと、三つの出方がございます。一つは、民主主義の政権ができる前にこれを抑えようという形で、不穏分子をたたきつけてやろうという問題であります。それから第二には、民主主義政権は一応確立された後に、その不満分子が反乱を起こす場合。三番目は、委員御指摘のような事態であります。ですから、それらにつきまして一部をおっしゃっておりますけれども、その全部について敵の出方論があり得る」

三番目の「（不破）委員御指摘のような事態」は、答弁直前の以下質問を指す。

「共産党の入った政権なるがゆえに従わないという勢力が出た場合、そういう勢力がさまざまな暴挙に出た場合、それに対して黙っているわけにはいかない、そういうのは力をもってでも取り締まるのは当たり前だ」

不破は右質問で、具体例をこう挙げた。

「共産党の入る政権が議会制民主主義のルールについてできても、それについて国家公務員として自衛隊が従う義務があるかどうか」

共産党にとって警察や自衛隊は敵である（第2章参照）。たとえば、いま共産党が提唱している「国民連合政府」が実現したとして、仮に警察や自衛隊が「不当な命令には従えない」と拒否し、実際に抵抗したら、そのとき日本政府は権力で弾圧する、ことになってしまう。なにしろ「黙っているわけにはいかない、そういうのは力をもってでも取り締まるのは当たり前」と考える政党なのだから、そうなってしまう。野党四党は安倍政権を「国民の声に耳を傾けない強権政治に反対する」（共通政策）と批判するが、これこそ強権的な政治ではないのか。

平成元年の政府答弁を要約すれば、「民主主義の政権ができる前」であれ、「民主主義政権は一応確立された後」であれ、「共産党の入った政権なるがゆえに従わないという勢力が出た場合」であれ、「その全部について敵の出方論があり得る」。つまり政権誕生の前後を問わず、いつでも暴力のリスクがある。当時の公安調査庁長官は、その危険性を〝政治的に正しい〟表現で（回りくどく）答弁したわけである。

私としては、蛮勇を振るい右拙稿で指摘したことを、期せずして政府が閣議決定してくれた格好となった。まさに徒手空拳《としゅくうけん》で書いた者として胸を撫で下ろした。個人的には、正直ホッとしたが、公の議論としては不満も残る。なぜなら、翌朝刊の一面で大きく報じた産経新聞を除き、日本のマスコミは、以上の閣議決定を黙殺したからである（たとえば朝日新聞は四面のベタ記事）。

特定秘密保護法や平和安全法制（いわゆる安保法制）で「立憲主義が崩れる」だの「民主主義が崩壊する」だのと大騒ぎした護憲派が、なぜ暴力主義的破壊活動を黙殺するか。なぜ暴力革命を看過するのか。なぜ暴力に寛容なのか。

## NHK以下マスコミにもシロアリが

常識的に考えられる理由は一つ。産経新聞など一部を例外とし、日本のマスコミをシロアリが侵食しているから。正直、それ以外の理由は思い浮かばない。

NHKとて例外でない。象徴的な一例を挙げよう。国谷裕子《くにやひろこ》キャスター最後の放送となった三月十七日放送「クローズアップ現代」は「未来への風」と題し、シールズ（SEALDs）の奥田愛基《あき》を登場させ、こう紹介した。

「奥田愛基さん、二十三歳です。当初、十人ほどで始めたデモは社会現象になり、若い世代の力を印象づけました」

「等身大の言葉は、ユーチューブなどで爆発的に広がっていきました。これまで社会に無関心と思われていた若者たちが声を上げ、大きなうねりとなったのです」

「いま、社会の問題を自分たちで考え、行動する若者たちが増えています」

まるでシールズのCMではないか。それればかりか、ゲストの柳田邦男《やなぎだ》（NHK出身）が以下のとおり手放しで礼賛《らいさん》した。

「シールズの奥田さんたちにしろ、ほかの動きにしろ、これは一昔前の政治活動なり、学生運動なり、そういうものと全く違う」

「いま大きな歴史の転換期に来てるというふうに、私は捉《とら》えている」

「シールズのように、最初十人だったのが、奥田さんの本当に、平凡に見えるけれど、決して掛値なしの本物の言葉だから、若者たちが共感するわけです」

「まさに時代だと思いますね」（NHKサイト）

もはや出来レースであろう。国谷キャスターの最後っ屁と酷評しても過言でない。かつてNHKの人気番組がシールズらによる国会周辺でのバカ騒ぎを報じた際、「日本共産党」と明記されたノボリをクローズアップした映像を私は鮮明に覚えている。シールズの背後に共産党がいることは、NHKとて先刻ご承知であろう。

シールズの「主張は共産党と瓜二つ」、使う車両は共産党系団体から借用。「主張や活動が、半ば共産党と一体化している」（前掲『日本共産党研究』）。事実、シールズと（共産党の青年組織である）民青（民主青年同盟）を掛け持ちしている学生もいる。それなのに、NHKが看板番組の最終回で無批判に持ち上げる。もはや公共放送としての適格性は微塵《みじん》も感じられない。

野党統一候補らの選挙戦では、最前線をシールズが務め、司令部に共産党が鎮座する。背後から糸を引く。そうした人形劇を見させられているかのようだ。これでは暴力革命ならぬ詐欺革命ではないか。

もしかしたらNHKほかマスコミは、暴力に寛容なのではなく、単に騙されているだけなのかもしれない。暴力革命の幇助犯ではなく、詐欺革命の被害者なのかもしれない。いずれしても、救いがたい連中だ。

先の参院選で問われたのは（安倍総理を含め）誰がなんといおうが、アベノミクスではない。実質的に問われたのは、野党共闘の是非である。シロアリの増殖への当否である。安倍政権ではなく、すでにシロアリに食われた民進党の存亡がかかった選挙だったとも評し得よう。

いたずらにリスクを言い募っているわけではない。よく自公連立政権に対して、政治学でいう「過剰代表制」が指摘される。ならば、野党共闘や「国民連合政府」でも、同様の問題を指摘できよう。保守政党たるべき自民党が、公明党に食われているのと同じ現象が起こってしまう。

野党四党は「安倍政権の暴走を止める」と息巻くが、いくら安倍批判を繰り返しても、有権者の耳には届かない。他党や他人を悪く言う前に、民進党自身が政権担当能力を示せば、自然と「安倍政権の暴走」は止まる。とくに「一人区」など小選挙区ではそうなる。ところが、現実的な政権構想を示すことなく、日本共産党の主導で「共通政策」に合意した。そこまで左派色の濃い非現実的な政策を掲げる以上、真っ当な有権者は選択肢を失う。結果的に安倍政権の「暴走」が続く。官邸の高笑いが響く。

## 人気女性アイドルも大活躍

今回の参院選は、これまでと以下の点が違う。まず、選挙権が得られる年齢が十八歳に引き下げられた。これにより、十八歳と十九歳の約二百四十万人が新たに有権者となった。また、駅構内や総合商業施設などに「共通投票所」が設置され、投票の利便性も高まった。自治体の判断により、期日前投票の投票時間も最大二時間、拡大された。

共産党は早くから以上に着目してきた（と判断する）。若者を中心に無党派層の掘り起こしに努めてきた。事実、不破哲三（日本共産党前中央委員会議長）は『サンデー毎日』（二〇一六年六月十九日号）のインタビューで「我々は無党派層との共闘を軸に運動を進めてきた」と明言している。正直に「野党共闘が三十二選挙区（一人区）で全部できた。我々もこんなにできるとは思わなかった」とも語っている。以下の発言も興味深い。

「三十年余にわたる共産党を除くというアレルギー体制を社会の流れと運動が打ち破った。それには安倍氏の暴走が貢献した。彼がいい政治をしたらこうはならない」

「ここにくるまでアレルギーということも言われた。ただ、全部解決して三十二選挙区で統一ができたのだから、アレルギー問題というのはそのなかで試されて乗り越えてきたんじゃないか」

「国民連合政府を二十一世紀の早い段階に実現しようというのが我々の目標だ。かなり幅のある形で目標を立てている」

彼らは本気だ。本気で「国民連合政府」を樹立しようとしている。そのためにデジタル世代の若者や無党派層に食い込んできた。

日本共産党はインターネットを最大限に活用している。政党としての広報力は他を圧している。失礼ながら自民党など比でもない。アイドルや芸能人も上手に活用する。

二〇一五年七月十八日の日本共産党創立九十三周年記念講演会には、女性アイドルグループ「制服向上委員会」が参加した。彼女たちは同年六月十三日、「憲法九条やまとの会」が主催するイベントで「諸悪の根源、自民党」「本気で自民党を倒しましょう！」など、自民党や安倍晋三政権を批判する内容を替え歌で歌った（ことが問題となり、神奈川県大和市と市教育委員会が後援を取り消した）。

ＡＫＢ48、内山奈月《なつき》の影響も大きい。彼女も「しんぶん赤旗日曜版」紙上で「憲法への思い」を語った（二〇一四年九月二十八日号）。慶應義塾大学の学生でもある内山は高校生アイドル時代、武道館コンサートのステージ上で憲法典を暗唱したエピソードを持つ。「日本国憲法は素晴らしい」と明記した共著『憲法主義　条文には書かれていない本質』（ＰＨＰ研究所）も上梓《じょうし》した。その他、「しんぶん赤旗」には著名な芸能人らが、これまでも多数登場してきた（第２章参照）。シロアリは芸能界にも侵食している。

是非はさておき、共産党の〝ソフト路線〟は、着実に成果を挙げてきた。そう認めざるを得ない。石破の言うとおり、「一般の人がフレンドリーな感じを持つようになってきた」。

だが、本質は何一つ変わっていない。日本共産党が掲げる方針（暴力革命）も恐ろしいが、彼らなりの「理想」（共産主義社会）を実現する手法も、侮《あなど》れない。

われわれ有権者は肝に銘じるべきである。

日本共産党、恐るべし。

# 第2章 「しんぶん赤旗」は今日も我が道をゆく

## 日本の祝日に反対する人々

二〇一六年二月十二日付「しんぶん赤旗」（日本共産党中央委員会）には驚いた。一面記事は題して「立憲主義・民主主義に基づく平和な未来をひらこう」。立憲主義や民主主義は結構だが、記事が伝えた以下の集会には強い疑問を覚える。

《50回目となった「建国記念の日」に反対する集会が11日、東京・中央区で開かれました。市民・研究者など会場いっぱいの350人が参加しました。／千葉大学の栗田禎子《よしこ》教授が講演し、安倍政権が強行した戦争法（安保法）はアメリカの中東介入のすべてに自衛隊が参加できるものになっていると指摘。（以下略）》

加えて、高校教師や大学講師らが「歴史教育の現場の取り組み」や「道徳教科化の問題点」などを報告したらしい。そのうえで「歴史の逆行を許さず、立憲主義・民主主義に基づく平和な未来をひらこう」とのアピールが採択された（同記事）。護憲左派定番の集会である。実際に同様の集会が、北海道から沖縄県まで全国各地で開催された。札幌では、上田文雄前札幌市長が「憲法が危ない」と題した講演を。宮城では、元経産官僚の古賀茂明が「報道の自由と民主主義――日本の進むべき道」、山形では慶應義塾大学名誉教授の小林節《せつ》が「２・11に日本国憲法の真価を確認する」との演題で講演している。

以上すべてが「建国記念の日」に反対した集会である。「しんぶん赤旗」二月一日付記事は《「建国記念の日」に反対する各地の集会を紹介します》とのリード文に続き、右に掲げた集会を紹介している。

私は平和安全法制が「戦争法」だとは思わない。歴史認識も彼らとは違う。それらを脇に置いても、大きな疑問が残る。なぜ、それらが「建国記念の日」の反対理由となるのか。「歴史の逆行を許さず」との一点に込められた思いを読み取れ、という趣旨なのか。ならば、あまりに強引な論法であろう。

《「建国記念の日」　特異な歴史観を押しつけるな》と題した二月十一日付「しんぶん赤旗」の「主張」（社説）も聞こう。

《この日はもともと戦前の「紀元節」です。明治政府が１８７３年、天皇の専制支配に神話によって権威を与えるため、架空の人物である「神武天皇《じんむ》」の即位の日としてつくりあげたもので、科学的にも歴史的にも根拠がありません》

それは違う。明治政府が「つくりあげた」のではなく、「日本書紀」がこう記した。

「辛酉年《かのとのとり》の春正月の庚辰《かのえたつ》の朔《ついたち》に天皇、橿原宮《かしはら》に於いて即帝位す」

西暦に換算すると、紀元前六六〇年一月一日(旧暦)。明治期、それを新暦に換算した日付が二月十一日である。以上の歴史的根拠がある。戦前も「天皇の専制支配」など行われていない。「架空の人物」というが、天皇が実在する以上、その祖先も実在する。「神武天皇」と呼ばれる初代天皇が「架空の人物」なら、今上《きんじょう》陛下の祖先はいったい誰なのか。彼らも、まさか「天孫降臨」とは言うまい。

さらに言えば「架空」で「科学的根拠」がない、といった揶揄誹謗《やゆひぼう》は「創世記」や「法華経《ほけきょう》」「コーラン」などの一部記述にも当てはまる。「日本書紀」だけを槍玉に挙げるのは公正でない。もし、日付の科学的根拠を問うてよいなら、他の多くの「国民の祝日」はどうなるのか。

## 明治の人、正岡子規が詠んだ歌

かつて明治の人々は「紀元節」をどう受け止めたか。正岡子規が詠《よ》んだ歌を借りよう。

「日の本の国のはじめを思出でて　その日忘れず梅咲にけり」(産経新聞取材版『祝祭日の研

究』角川書店より）

どう読んでも「天皇の専制支配」とは程遠い。これが真っ当な日本人の素直な感覚ではないだろうか。だが驚くことに、前出「主張」はこう安倍晋三政権を誹謗する。

《見過ごせないのは、第２次安倍晋三内閣の発足以降、政府が「愛国心」と結んで「建国記念の日」をことさら強調する動きを強めていることです。安倍首相は一昨年から「建国記念の日」を迎えるにあたってのメッセージを発表していますが、これは現職の首相としては初めてのことです。／さらに、安倍内閣のもとで非科学的な歴史観や特異な文化論を国民に押しつける動きが強まっていることも軽視できません》

私は彼らの歴史観や文化論こそ非科学的であり特異と考えるが、いったん脇に置き、右の前段に注目しよう。《第２次安倍晋三内閣の発足以降、政府が「愛国心」と結んで「建国記念の日」をことさら強調》と非難するが、当てこすりに他ならない。あえて彼らの「主張」を借りよう。

《きょう2月11日は「建国記念の日」とされています。祝日法は、第2条で「建国をしのび、国を愛する心を養う」日としています》

より正確には以下のとおり、「建国記念の日となる日を定める政令」は「国民の祝日に関する法律第二条に規定する建国記念の日は、二月十一日とする」と明記する。つまり日付には法的根拠がある。同法第二条で「建国をしのび、国を愛する心を養う」日とも定めている。法律上「国を愛する心を養う」日なのだから、政府が「愛国心」と結んで「ことさら強調」しても何ら問題がない。むしろ法的に妥当かつ適切な姿勢である。

「第2次安倍晋三内閣の発足以降」云々《うんぬん》と非難するが、ならば、それ以前の内閣は右法律の明文規定を無視してきたことになる。法的には安倍政権の姿勢が正しい。安倍総理は第二次政権発足後、「建国記念の日」に合わせて毎年メッセージを出している。「現職の首相としては初めてのこと」でも、それが非難に値することなのか。むしろ褒《ほ》められるべきエピソードであろう。

本来なら「政府主催の式典を開催して、国を愛する心を育てるべき」(大原康男國學院大學名誉教授)ところを、単なるメッセージで済ませてよいのかといった批判ならあり得るが、彼らの安倍批判は当てこすりに過ぎない。祝日法は一条でこうも明記する。

《ここに国民こぞって祝い、感謝し、又は記念する日を定め、これを「国民の祝日」と名づける》

「こぞって」とは「一人残らず。ことごとく皆。あげて」という意味である(『広辞苑』)。

全国民が祝い、日本人に生まれたことを感謝すべき記念日であろう。それなのに、祝いも感謝もせず、「記念」どころか「反対」する。そう「主張」し、反対集会を大宣伝し、「国民の祝日」を非難し、誹謗する。「非国民」とは言わないが、「国民こぞって」との規定に違背《いはい》していることは明々白々である。

いったい、どういう神経の持ち主なのか。その疑問を強く抱かせたのが、二〇一六年二月七日の北朝鮮による弾道ミサイル発射であった。

## 北ミサイルが発射されてもマイペース

北朝鮮ミサイル発射――二月八日付「しんぶん赤旗」は一面トップでそう報じた。一面には、日本共産党の志位和夫委員長と小池晃《あきら》政策委員長のカラー写真もある。前者は《北朝鮮のミサイル発射を強く非難する》との談話、後者は《「分配」に逆行の悪循環予算　NHK番組　小池氏、根本的転換求める》と題した記事。談話は以下のとおり述べる。

《核実験に続く今回の北朝鮮の行動は、核兵器の開発と不可分に結びついた軍事行動であって、国際の平和と安全に深刻な脅威を及ぼす行為であり（中略）暴挙である》

他紙の社説や主張と大きな違いはない。右のとおり「深刻な脅威」とも明記している。他方、この日の一面には、「広げよう2000万署名　県内100万人へ　意気高く　神奈川で全県交流の集い」と題した記事と、「本田氏　健闘も及ばず　京都市長選　市民の共同広がる」と題した記事もある。後者は日本共産党が推薦した本田候補の落選を伝えた記事である。当選した現職候補の得票は二十五万四千五百四―五。本田候補は十二万九千百十九。ダブルスコアに近い大差ながら、記事は「市民の共同広がる」との負け惜しみも忘れない。

前者の「2000万署名」とは何か。同日付「主張」を借りよう。題して「2000万署名　戦争法廃止の願いを束ねる要」。平和安全法制（安保法制）を「戦争法」と呼びながら、こう主張する。

《全国各地で「戦争法の廃止を求める2000万人統一署名」が推進され、「戦争法は何としても廃止したい」「廃止のために野党は共闘を」との広範な国民の切実な願いが寄せられています。／この署名は、「戦争させない・9条壊すな！　総がかり行動実行委員会」をはじめSEALDs（シールズ）、学者の会、ママの会など戦争法反対の行動を続ける29団体が呼びかけ昨年11月にスタートしました。（中略）2000万人の署名を今年の憲法記念

日に向け、わずか半年でやりとげるという、これまでやったことのない歴史的な運動です》

冒頭の「国民の切実な願い」は「日本共産党の切実な願い」であろう。続く箇所を読めば、SEALDs（シールズ）らが、日本共産党とファミリア（親密）な関係と分かる。二千万人の署名目標に惨敗しても、きっと憲法記念日の紙面で「市民の共同広がる」などと負け惜しみを報じるのであろう。

## 我田引水、唯我独尊の独善

以下の「主張」も見過ごせない。

《戦争法のリアルな危険は、日本共産党の志位和夫委員長の国会論戦などで一層鮮明です。戦闘が続く南スーダンＰＫＯ（国連平和維持活動）の自衛隊の任務に「駆けつけ警護」などを加え、武器使用基準の拡大も検討されています》

平和安全法制は「戦争法」どころか、「切れ目のない安全保障」すら確保できない、ショボい内容である（拙著『護憲派メディアの何が気持ち悪いのか』ＰＨＰ新書）。ただし「リアルな危険」には注目したい。たしかに「駆けつけ警護」などにより、派遣される自衛官のリスクは高まる。

だが、それは国連平和維持活動（PKO）における任務であり、それに伴うリスクの増大である。国連PKOは名実とも「平和維持活動」に他ならない。それを「戦争」と呼ぶのは強引な我田引水《がでんいんすい》であり、唯我独尊《ゆいがどくそん》の強弁であろう。ワガママな独善である。

要は、北朝鮮ミサイル発射の翌朝なのに、北朝鮮ではなく日本の政権を誹謗したわけである。なら、肝心の北朝鮮については、どう「主張」したのか。

《戦争法廃止・立憲主義回復のたたかいを広げ、その要に2000万署名を位置づけ、揺るがぬ世論をつくりあげることが急務です。北朝鮮の核・ミサイル開発への対応の問題では、非軍事で解決するのが国際社会の一致点であり、戦争法の出る幕はありません》

非軍事で解決する――たったこれだけ。それが「国際社会の一致点」というが、本当にそうか。正しくは以下のとおり。

国連の安全保障理事会は「（前略）国際の平和及び安全の維持又は回復に必要な空軍、海軍または陸軍の行動をとることができる」（国連憲章第四十一条）。それが北朝鮮を含む全国連加盟国の「一致点」である。彼らには「北朝鮮の核・ミサイル開発への対応」ではなく、

「2000万署名」のほうが「急務」らしい。あまりに独善的な「主張」であろう。

「戦争法の出る幕はありません」とも断じるが、本当にそうか。

彼らが「戦争法」と呼ぶ新法制の骨格は自衛隊法の改正である。今回の破壊措置命令はその自衛隊法が根拠。それを超える武力攻撃事態（防衛出動）も、存立危機事態（いわゆる集団的自衛権の限定的行使）も、自衛隊法が根拠である。朝鮮半島有事で「後方支援」の法的根拠となる重要影響事態法を含め、すべて平和安全法制が根拠となる。「出る幕がない」どころか、まさに出番、本番である。勘違いも甚《はなは》だしい。

## PAC3もTHAADもダメ？

隣の第三面の記事も目を疑う。題して「北朝鮮ミサイル発射　日本政府の対応　過剰な軍事対応を展開　通告経路外の自衛隊配備で〝宣伝〟」。やはり北朝鮮ではなく「日本政府の対応」を非難している。冒頭、こう書く。

《北朝鮮の長距離弾道ミサイル発射に対し、日本政府は前回の2012年に続いて戦争さながらの過剰な軍事対応を展開し、専門家から実効性が疑問視される「ミサイル防衛」（M

D)体制の宣伝を繰り返しました》

専門家の端《はし》くれとして反論しておこう。破壊措置命令は武力攻撃事態（有事）ではなく、平時の警察権と解釈されている。それを「戦争さながら」と表現するのは強引に過ぎよう。「過剰な軍事対応」と断じた感覚も共有できない。「過剰」どころか、航空自衛隊のパトリオット・ミサイル（PAC3）による防衛網は穴だらけであった。「体制の宣伝」というが、有事に空白が全力で配備しても、PAC3の配備は間に合わない。必ず空白を生じる。そもそも迎撃範囲が小さい。しかも数が足りない。ならば、どうすべきか。私は従来からTHAAD（ターミナル段階高高度地域防衛）の導入を主張してきた（拙著『日本人が知らない安全保障学』中公新書ラクレ）。

THAADとPAC3の違いは何か。そもそもパトリオット・ミサイルは拠点防空を目的とする。だから迎撃範囲が小さい。他方、THAADは名実とも「地域防衛」を目的とする。要するに迎撃範囲が広い。現時点で臨み得る最良の選択肢と言えよう。実際、韓国も中国の「反対」を無視し、導入を決めた。日本政府も決断すべきと考える。

だが、そう考えない人々もいる。先の記事は最後をこう締めた。

《政府は2004年～15年までにMD関連で約1兆3500億円もの巨費を支出。さらに、大気圏再突入時のミサイルを「迎撃」する終末高高度防衛（THAAD）システムの導入も検討しています。北朝鮮のミサイル・核兵器開発と「いたちごっこ」となり、際限ない軍事費の膨張と緊張の激化という悪循環に陥る危険があります》

なら、どうすれば、いいのか。

なるほどTHAADは高価だが、高いなりの理由がある。文字どおり「防衛」ミサイルであり、攻撃力（打撃力）はない。彼らの大好きな「専守防衛」や「平和憲法」の精神にも適《かな》う。「いたちごっこ」のリスクは北朝鮮が核ミサイル開発を放棄しないからであり、「悪循環」を断つなら、北の独裁体制を断つしかない。日本政府のTHAAD導入を批判するなど、お門違いも甚だしい。

しかも記事は「配備地ならし狙う」との見出しで、こう書いた。

《政府は一方、通告経路のほぼ直下にあたる先島《さきしま》諸島の多良間《たらま》島だけでなく、経路から約20～150キロも離れた宮古島、石垣島、与那国《よなぐにじま》島にも陸上自衛隊の化学防護部隊などを派遣し、被害が生じた場合の対処にあたらせました。／これら3島ではいずれも中国に対抗するための新たな自衛隊部隊の配備が狙われており、PAC3や陸自部隊の展開は、住民を〝軍〟に慣らすための〝地ならし〟も兼ねています》

## これぞ、ゲスの勘繰り

これでは、休日返上で派遣された自衛官の苦労は浮かばれない。なぜ、陸自の化学防護部隊だったのか。「ミサイルには、人体に有害な化学物質を含む液体燃料が使われているとみられ、落下時の除染作業などに備える」ためである（読売新聞ほか）。過去、北のミサイルが空中爆発した事例が複数ある。

幸い、化学防護部隊の派遣は空振りで終わったが、被害想定自体を杞憂《きゆう》とは言えない。「〝軍〟に慣らすための〝地ならし〟」との断罪に至っては、見当違いも甚だしい。これこそゲスの勘繰《かんぐ》りではないだろうか。

あえて百万歩譲って、陸自派遣にそうした副次的な効果があり得るとしても、それが非難に値することなのか。

これまで「沖縄本島より西には陸上自衛隊部隊の配備がなく、防衛上一種の空白地域」となってきた。民主党政権ですら、その「空白」を「動的防衛力」で埋めようとした（当時の防衛大綱と中期防）。そこへの陸自派遣が非難されるようなことなのか。

陸自派遣を「〝軍〟に慣らすための地ならし」と揶揄誹謗、空自派遣も「過剰」と咎《とが》める。最新迎撃ミサイルの導入も認めない。北朝鮮でも中国でもなく、自国の自衛隊を咎めている。これでは「強く非難する」との談話が虚《むな》しく響く。その本気度が問われよう。

先述のとおり談話は「脅威」と明記した。その意義は小さくない。二〇一六年一月七日付「しんぶん赤旗」の一面にも、北の核実験を「暴挙きびしく糾弾」と題した志位委員長の談話が掲載されたが、そこに「脅威」の文言はなかった。志位委員長は昨年十一月、テレビ東京の番組で「北朝鮮にリアルの危険があるのではない」と発言し、問題視された。その経緯を踏まえて示した「脅威」認識であろう。

二〇一六年一月八日生放送のＢＳフジ「プライムニュース」に出演した志位委員長に反町理《おさむ》キャスターがこう問うた。

「昨年の十一月、他局の番組で、委員長はこういう発言をされています。安保法制の一番の具体的危険は何ですかという質問に対してですけれども、『実際の危険は、北朝鮮、中国の問題に、リアルな戦争の危険があるのではなくて、中東、アフリカのほうにまで自衛隊が出て行って、一緒に戦争をやることである』と、こういう話をされています。今回の核実験によって、この発言は多少、何か修正したほうがいいという気持ちにならないですか？」

志位委員長はこう応じた。

「これはまったく別筋の話です。安保法制、私たちは戦争法と呼んでいますが、その一番の具体的な危険、一番の現実的な危険はどこにあるかという文脈で話をしたんですね。戦争を発動して、日本の自衛隊が海外に出て行って、殺し、殺される戦争を行う。現実的な危険はどこにあるかと考えた場合、それは中東、アフリカ（中略）こういうところに実際のリアルな戦争の危険がある。（中略）日本の自衛隊が北朝鮮と戦争を構える、あるいは中国と戦争を構える。そこに現在のリアルな戦争の危険があるわけではないと言ったので、北朝鮮の核開発が脅威でないと言ったわけではありません」

私なら、改めてこう問いたい。「日本の自衛隊が北朝鮮と戦争を構える、あるいは中国と戦争を構える。そこに現在のリアルな戦争の危険があるわけではない」との発言を、その後の北ミサイル発射を受け、「多少、何か修正したほうがいいという気持ちにならないですか？」と。

## 新聞のようで新聞でない「しんぶん」

「しんぶん赤旗」――そう名乗っているが、朝日や産経など名実ともの「新聞」とは性格が違う。記者の資格要件から違う。募集要項に次のとおり明記されている。

《募集職種》　記者

《応募資格》　党歴1年以上（着任時）

こうも書いてある。

「新しい未来を切り開く社会進歩と政治革新の事業に、あなたも参加しませんか。気概をもった青年・学生党員のみなさんの積極的な応募を心から期待します」

一般紙に「党歴」要件などない。朝日であれ産経であれ、新聞記者（ジャーナリスト）の仕事は取材し、事実を報道することに尽きる。だが「しんぶん赤旗」の記者は違う。普通、彼らを新聞記者と呼ぶだろうか。やはり「しんぶん赤旗」を新聞とは言いがたい。

だが、彼らはそう思っていないようだ。二〇一六年二月一日、「しんぶん赤旗」は一九二八年同日の創刊から八十八周年の米寿《べいじゅ》を迎えた。同日付「主張」でこう書いた。

《全国132の新聞社が「満州国独立」支持の共同宣言を発表するなか、「赤旗」が反戦・平和の旗を断固として掲げ続けたことは、日本のジャーナリズムの歴史でも重要な記録として刻まれています》

自らを「ジャーナリズム」と位置付けている。それも現在の「しんぶん赤旗」ではなく、戦前の「赤旗」を……。

「赤旗」は創刊当初、「せっき」と呼ばれていた。それが一九四六年に「アカハタ＝AKAHATA」、翌四七年に「アカハタ」、六六年に「赤旗」となり、一九九七年四月一日付から現在の題字となった。なぜ「しんぶん赤旗」なのか。御本人に聞こう。

「『赤旗』が新聞だと一目でわかっていただけるようにしたものです。『赤旗』は日本共産党の中央機関紙であるとともに『真実をもとめる国民の共同の新聞』です。このことを題字の面でもすっきりわかるようにします」（一九九七年三月二十七日社告）

日本共産党の中央機関紙と「真実をもとめる国民の共同の新聞」は両立可能なのか。私には二律背反《にりつはいはん》に思える。だが彼らはそう思わない。先の「主張」は最後をこう結ぶ。

《安倍政権打倒、戦争法廃止に向けた国民的なたたかいをすすめる「国民共同の新聞」として、さらに多くの方々に手にしていただける「赤旗」をめざして努力を続ける決意です》

もはや「しんぶん」の四文字もない。せっかく「新聞だと一目でわかっていただけるようにした」はずなのに……。

「真実をもとめる」というが、彼らが求めるのは本当に「真実」なのか。共産主義や革命ではないのか。それを勝手に「真実」と呼んでいるだけではないのか。連日紙面で「安倍政権打倒、戦争法廃止」と叫ぶが、ならば、安倍政権を支持する過半数の国民は、彼らにとって「国民（共同）」ではない。そういうことになってしまうはずだ。

紙面の編集姿勢や報道姿勢も異色だが、記事の表現も他紙とは違う。記事が「です・ます」の文体で書かれている。一九六五年の元日付から原則「です・ます」調に移行した。「アカハタの文章が堅い」という読者の声に応え、「わかりやすく、親しみやすくするために採用した」らしい（河邑哲也『「赤旗」は、言葉をどう練り上げているか』新日本出版社）。異色（ないし赤色）なのは紙面だけではない。以下、公式サイトから紹介しよう。

《収入の99％が一人ひとりの読者の購読料》

《印刷はすべて自前で（中略）配達・集金を支えているのは党員など12万人近いボランティアです》

《政権党もうらやむほどの「赤旗」の〝強さ〟を支えているのが、100万人の読者をも

つ、週刊紙誌最大部数を誇る日曜版の存在です》
経営に苦しむ他紙幹部には羨《うらや》ましい話であろう。「日本共産党の財政を支えて」いるのは《党員の党費、個人からの寄付、「しんぶん赤旗」の購読料》であり、彼らは政党助成金を受け取っていない。

## 有名女優や各界著名人が連日登場

「赤旗」の〝強さ〟を支えているのは百万人超の読者だけではない。各界の著名人が連日、紙面に華を添える。創刊八十八周年を迎えた本年二月一日付には、各界著名人がカラー写真で登場した。紙面の中央最上段には作家の澤地久枝《さわちひさえ》が鎮座。その左隣には「〝戦争〟伝える役に」と題して女優の奈良岡朋子が。その他、元朝日新聞大阪本社編集局長の新妻義輔《にいづまよしすけ》も《「しんぶん赤旗」には「貫く棒」があります》云々のオマージュを捧げている。

さらに「学問　文化」欄に女優の大竹しのぶも登場した。その下には前出「建国記念の日反対集会」の記事があり、目立つ。その他、中村玉緒、田畑智子、佐藤江梨子、深田恭子ら有名女優陣をはじめ、著名人が連日の紙面に華を添えている。

二〇一六年元旦付の新春対談にも驚く。志位委員長の対談相手は上智大学教授の中野晃一。冒頭からしてこうだ。

「おめでとうございます。／昨年を振り返ってみて、国家権力の暴走が行くところまで行ってしまった年だったと思います。同時に、それに抵抗していく市民社会の動きや、共産党も含む野党の動きが希望をみせた」

何も、めでたくない。大学教授の品位や良心を疑う。一面には「日本で初の市民革命的な動き」「新たなうねり　今年も続く」との見出しが躍る。四面、五面、六面とオマージュ対談が続き、「科学的社会主義の立場」といった日本共産党らしい見出しもある。元旦から「戦争法（安保法制）廃止の国民連合政府」実現に向けた巧妙な世論誘導対談である。二〇一六年一月四日の「党旗びらき」で志位委員長はこう挨拶した（翌五日付「しんぶん赤旗」記事）。

《上智大学教授の中野晃一さんと「新春対談」を行ったさいに、わが党に対して一つの〝注文〟をいただきました。それは「メッセージの伝え方」という問題です》

「しんぶん赤旗」紙面と上手くコラボさせている。新年早々、志位委員長のしたたかさがのぞく。日曜版新年合併号の新春対談も凄い。こちらの相手は元朝日新聞コラムニストの早野透。一面に早野のセリフが大書された。
《「国民連合政府」志位さんからオーラ》
朝日のプライドも、ジャーナリストの矜持《きょうじ》も、恥も外聞も投げ捨て、こう明かす。
《昨年は、安保法案（戦争法案）のたたかいで、何度も国会前に行きました。取材でなく「参加したい」という気持ちで》
以下も看過できない。
《志位　本気で戦争法を廃止し、立憲主義を回復しようと思ったら、それを実行する政府をつくるしかない。（中略）
早野　記者としてみても、具体的で現実性のあるチャレンジです。言いすぎかもしれないが、志位さんからオーラが出てきましたね。（笑い）
志位　そうですか？（笑い）》
笑い話では済まない。オーラその他、反証可能性のない非科学的なオカルト話はともかく、もし右の政府が実現したら「科学的社会主義を理論的な基礎とする」（党規約第二条）日本共産党が政権に参画することになる。「民主集中制を組織の原則とする」（同第三条）党が政権を動かす。党綱領で「社会主義・共産主義の社会への前進をはかる社会主義的変革が、課題となる」と明記する政党が政権を担う。綱領はこうも謳《うた》う。

## 自衛隊も警察も改廃すべき「負の遺産」？

「社会主義・共産主義の社会がさらに高度な発展をとげ、搾取《さくしゅ》や抑圧を知らない世代が多数を占めるようになったとき、原則としていっさいの強制のない、国家権力そのものが不必要になる社会、人間による人間の搾取もなく、抑圧も戦争もない、真に平等で自由な人間関係からなる共同社会への本格的な展望が開かれる。／人類は、こうして、本当の意味で人間的な生存と生活の諸条件をかちとり、人類史の新しい発展段階に足を踏み出すことになる」

私は、人類史が右のごとき「新しい発展段階に足を踏み出すこと」はないと思う。彼らの歴史観こそ非科学的ではないのか。「いっさいの強制のない」社会など、この世に出現したためしがない。百万歩譲って、仮に「国家権力そのものが不必要になる」真に平等な社会とやらが実現したとしても、それが「本当の意味で人間的な生存」と言えるだろうか。私には、むしろ非人間的とさえ思える。

党公式サイトには「Q＆Aで学ぶ　日本共産党綱領」と題した文書も掲載されている。なかで「行政機構の全体を掌握して」と題し、こう書く。

《国民多数の支持を得た政府が国民本位の新しい政治をすすめようとしたときに、国民の意識、要求とかけ離れた特権的な官僚などが、抵抗や妨害に回る可能性もあります。また、国家機構の中には、自衛隊や警察など「武力装置」も含まれます。／こうしたものの根本的改廃も含めて、国家機構の全体を掌握して国民のために働くようにしていかなければなりません》

さらに「自衛隊も警察も、現在の国家体制のもとで、支配勢力をまもるために活動しています」「どちらにも組織としての大きなゆがみが存在しています」と断罪しつつ、《〝負の遺産〟を克服し》云々と訴える。

元自衛官としても、現防衛大学校生の父としても、新人警察官の父としても、聞き捨てならない。

日本共産党は「レーニンによってつくられたコミンテルン（共産主義インターナショナル）の日本支部として」誕生し、「非公然、非合法の政党として」スタートした（筆坂秀世『日本共産党』新潮新書）。彼らこそ〝負の遺産〟ではないだろうか。

このような政党に政権を委《ゆだ》ねてはならない。「しんぶん赤旗」を読み、改めてそう確信した。

# 第3章 暴力革命政党の詭弁と欺瞞

## 「赤旗」は「偏りがない」？

日本共産党とは、どのような政党なのか。以下、党綱領や志位和夫幹部会委員長の発言から探ってみよう。

まず、志位委員長の「しんぶん赤旗」に対する認識に驚く。保守、リベラルといった問題ではない。具体的な例証を挙げよう。二〇一二年七月十八日、日本共産党創立九十周年記念講演会で「社会変革の事業と日本共産党——歴史に学び、強く大きな党を」と題し、志位委員長はこう講演した。

《あらゆる分野で国民と結びつき、要求にもとづく運動を発展させるとともに、「しんぶん赤旗」という人民的メディア、巨大メディアがけっして報じようとしない真実を伝える新聞を、こつこつと増やしていく（拍手）——この仕事にうまずたゆまずとりくむことこそ、新しい日本への道を開く力だと、私は考えるものであります。（「そうだ」の声、拍手）》

右は、志位和夫著『戦争か平和か——歴史の岐路と日本共産党』（新日本出版社）から引いた。「そうだ」の声や拍手も引用である。正確に再現されたとおり「しんぶん赤旗」を、「国民の共同の新聞」（一九九七年三月二十七日社告・前章参照）ではなく、「国民的」などの表現でもなく、「人民的メディア」と規定し、「巨大メディアがけっして報じようとしない真実を伝える新聞」と自画自賛している。ついた中見出しにも驚く。

《「しんぶん赤旗」は「とても偏りがない」という評価が》

そもそも「人民的」と言っている時点で「偏り」があると思うが、彼らはそう感じない。党創立九十周年記念講演はこう続く。

《大阪府のある女性は、次のように書き込んで購読を申し込みました。「ネット上で拝見し、こちらの新聞がとても偏りがなく（笑い）、本来の報道がされているのではと感じました」（拍手）。以前は、「しんぶん赤旗」といいますと「偏っている」と（笑い）いう誤解もありましたが、「とても偏りがない」（笑い）と評価されているのは、うれしい限りでありますす（拍手）。巨大メディアへの不信や批判が広がるもとで、「しんぶん赤旗」への新鮮な関心と注目が広がっております。ここに確信をもって、この人民的メディアを大いに広げる仕事にとりくみたいと思います。ご協力を心から訴えるものであります。（拍手）》

日本共産党員には生真面目《きまじめ》な人間が多いのであろう。右も正確な再現に違いない。会場にいた聴衆の大半は党員（ないしシンパ）であろう。「赤旗」は「とても偏りがない」と言われ、彼らの間ですら「笑い」が起きた。そうでないなら、志位委員長が「笑い」ながら話したことになる。どちらにしても、名実とも「笑い話」だが、そうはならなかった。右の中見出しが立ち、翌々日付の「しんぶん赤旗」に掲載され、前掲著に収められた。「民主集中制」の党でトップを務める委員長が党創立九十周年記念講演で示した認識である。異を唱えることは許されまい。

外野席からヤジを飛ばすようで恐縮だが、彼らは本当にこれでいいのだろうか。「しんぶん赤旗」を「新聞」と呼べるかの論点は繰り返さないが、それが活字メディアであることは論を俟《ま》たない。

たとえば「政治的に公平であること」や「意見が対立している問題については、できるだけ多くの角度から論点を明らかにすること」（放送法第四条）を法的に求められる放送事業者（テレビ）とは違う。日本共産党が発行する中央機関紙である。

紙媒体である以上、「政治的に公平である」必要など微塵《みじん》もない。意見が対立している問題について独特の角度から論点を明らかにすればよい。実際そうなっている。それで別に法的な問題もないし、むしろ政党として当然の政治姿勢であろう。

朝日新聞が白昼堂々、「進歩的精神」（朝日綱領）を掲げるように、「しんぶん赤旗」も科学的社会主義（マルクス・レーニン主義）を掲げ、真っ赤な旗を振り続ければよい。なぜ、そうしないのか。もし本気で「偏りがない」と自認しているのなら、もはや科学（的社会主義）を標榜する資格はなかろう。

## 受け継がれる革命方針

記念講演は最後をこう締める。

《みなさん。人間にとって、ほんとうの自由と幸福とは何でしょうか。私が、たいへんに好きな2人の先達《せんだつ》の言葉を、みなさんに贈りたいと思います。

一つは、科学的社会主義の基礎をつくりあげたカール・マルクスが、17歳、高校卒業の論文として書いた「職業の選択にさいしての一青年の考察」であります》

マルクスを「偉大な革命家」と称えながら、「いま一つは、戦後、党の議長を務めた宮本顕治さんが、獄中から、宮本百合子さんに送った書簡であります」とし、こう続けた。

《最大多数の人々を幸福にする人生、そして「漂流」でなく「確固とした羅針盤をもって航海」する人生――私は、そういう人生にこそ、人間の真の自由と幸福があるということ

を確信するものであります。（拍手）
日本共産党に入党し、一度きりしかないかけがえのない人生を、多くの人々の幸せのため、社会進歩のため、そしてご自身の幸せのために、ともに歩もうではありませんか（拍手）。そのことをこの記念すべき日に重ねて呼びかけまして、講演を終わります。（大きな拍手）／日本共産党創立90周年万歳！（歓声、長くつづく大きな拍手）》

冒頭の「最大多数の人々を幸福にする人生」が青年マルクスの論文であり、「確固とした羅針盤をもって航海する」が宮本書簡である。志位委員長が後者の「言葉に初めて出あったのは、大学2年生だった1974年、東京の日本武道館を埋めつくして開かれた民青同盟秋の大学習集会でのこと」。当時の「不破哲三書記局長が講演のなかで、宮本さんの書簡の言葉」を引いた。その「不破さんの講演を、胸を熱くして聞いたことを思いだします。（拍手）」と明かしている。

以上のとおり「科学的社会主義の基礎をつくりあげたカール・マルクス」に始まり、宮本顕治から不破哲三、志位和夫へと一つのイデオロギーが受け継がれている。かつて「マルクス・レーニン主義」と呼ばれた「科学的社会主義」である。それは何なのか。戦後の歩みから探ってみよう（以下、警察庁広報誌「焦点」第269号・「警備警察50年　現行警察法施行50周年記念特集号」参照）。

かつて日本共産党は、コミンフォルム（国際共産主義運動）からの批判を受け、昭和二十六年十月の第五回全国協議会で「日本の解放と民主的変革を、平和の手段によって達成しうると考えるのはまちがいである」とする「51年綱領」と、「われわれは、武装の準備と行動を開始しなければならない」とする「軍事方針」を決定した。これに基づき、昭和二十年代後半、騒擾《そうじょう》事件や警察への襲撃を全国的に繰り広げた。彼らの暴力的破壊活動は歴史的事実であり、「白鳥《しらとり》警部射殺事件」や「大須《おおす》騒擾事件」の判決でも認定されている。当事者の証言を聞こう。

「当時、日本共産党は暴力革命の戦術でゲリラと火炎びん闘争で荒れ狂っていた。多くの警察官に犠牲者が出たが、彼らは死の危険に直面しながら勇敢に自由と民主主義を守るために戦ったのである。私は当時、警察学校の教官として、警察官がこの暴力と独裁の党に対して、信念をもって立ち向かうためには、何よりも理論武装が必要であることを痛感した」（弘津恭輔『共産主義批判入門』立花書房）

そう痛感した弘津教官は右の出版を決意する。その後、警察大学校長となり、公安調査庁第一部長や総理府総務副長官を歴任した。弘津は私の父方の親族に当たる。右の立花書房は「警察公論」など警察関係の書籍を刊行する出版社であり、司法試験受験生時代の父が勤務していた。私も高校や大学で生徒会、自治会の選挙をめぐり、日本共産党系（日本民主青年同盟）の生徒や学生と対峙《たいじ》した。私の次男は警察官となった。日本共産党と潮家の因縁は深く、長い。

現在の日本共産党は暴力革命の戦術を放棄したかのように見える。だが、それは見せかけに過ぎない。彼らはいまも暴力革命の方針を堅持している。前掲「焦点」も見出しで「暴力革命の方針を堅持する日本共産党」と明記する。二〇〇〇年十一月、日本共産党は党大会で、大幅な規約改定を行い、「労働者階級の前衛政党」や「社会主義革命をへて日本に社会主義社会を建設」など革命を連想させる表現を削除した（ただし「前衛」という名称の雑誌や、党の「科学的社会主義」や「民主集中制」は維持されている）。

さらに二〇〇四年一月の党大会で党の綱領を改定。マルクス・レーニン主義特有の用語を削除、修正し、ソフトイメージを強調したが、いわゆる「二段階革命論」などの基本路線は変わっていない。「二段階革命論」とは、民主主義革命から社会主義革命に至る二段階方式を指す。いま日本共産党が唱える「民主主義革命」のあとには、社会主義革命が控えている。以上の経緯を踏まえ、警察庁の前掲広報誌はこう明記する。

《党中央を代表して報告された「敵の出方」論に立つ同党の革命方針に変更がないことを示すものであり、警察としては、引き続き日本共産党の動向に重大な関心を払っています》

## 「人間の自由」を語る詭弁

「敵の出方」論とは、革命が「平和的となるか非平和的となるかは、結局、敵の出方による」という暴力革命の方針である。いまは平和路線でも、「敵の出方」が変われば、暴力路線に転じ得る。そうした危険をはらむ。警察や公安調査庁が彼らを監視するのは当然であろう。志位のいう「科学的社会主義の基礎をつくりあげたカール・マルクス」もこう書いていた。

「批判の武器はもちろん武器の批判にとって代わることはできず、物質的な力は物質的な力によって倒されねばならぬ」(『ヘーゲル法哲学批判序説』岩波文庫)

彼らはけっして「物質的な力」の行使を放棄しない。別に私はそれを非難しない。もし「平和憲法」下、力の行使が全否定されるなら、自衛隊は存在意義を失う。そうなるくらいなら、私はマルクスを選ぶ。

だが、日本共産党は自衛隊と警察を誹謗《ひぼう》しながら、マルクスの名で「人間の真の自由と幸福」（志位講演）を語る。これでは、どちらの側が「自由と民主主義を守るために戦った」（弘津）のか分からない。

志位委員長は《「亡国の政治」と決別し、未来に責任を負う新しい政治を》と題した二年後の日本共産党創立九十二周年記念講演会でも、以下のように「人間の自由」を語った。

《最後に私は、この党の特質を、三つの角度から訴えたいと思います。／第一は、日本共産党が、綱領という未来への確かな羅針盤を持っているということです。（中略）

さらに私たちの綱領は、人類の歴史は資本主義で終わりでない、この矛盾に満ちた社会をのりこえて未来社会――社会主義・共産主義社会に進むという展望を明らかにしています。その未来像の特質は、一言で言えば、人間の自由、人間の解放であります。（中略）日本共産党という党名は、私たちのこの理想とかたく結びついた名前であり、これからも大切に使っていきたいということを申し上げたいと思います。（拍手）》

社会主義・共産主義の特質は、一言で言えば、人間の自由らしい。以上は日本共産党のオフィシャルな見解でもある。委員長の記念講演なのだから当たり前とも言えるが、それだけではない。以下がその証拠である。

「私たちの綱領では、国民多数の意思にもとづいて、資本主義を乗りこえて未来社会――社会主義・共産主義に進むという展望を明らかにしています。その未来像の特質は、一言でいえば、人間の自由、人間の解放です。日本共産党という党名は、この壮大な人類的視野にたった、私たちの理想と固く結びついた名前です」

まさに瓜二つ。右は党創立九十二周年に当たった二〇一四年の十一月二十六日に、「安倍政権の暴走ストップ！　国民の声が生きる新しい政治を」と題して公表された「日本共産党の総選挙政策」（マニフェスト）である。立憲民主主義国の政党にとって最もオフィシャルな文書と言ってよかろう。この年、日本共産党は内にも外にも同じメッセージを発した。内外に「社会主義・共産主義に進むという展望」を語り、「その未来像の特質は、一言でいえば、人間の自由」と言ってのけたわけである。

自由民主党が「自由」を訴えるのなら合点《がてん》がいく。しかし彼らは「日本共産党」である。「社会主義・共産主義に進む」と白昼堂々語る「共産党」である。たとえ真っ赤な旗をピンクに薄めても、いくら「革命」色を薄めてソフトイメージを強調しようが、その本質は「暴力革命の方針を堅持する」革命政党に他ならない。彼らが目指す社会主義・共産主義は

「自由」の対極に立つ。

## 天皇の制度は憲法違反？

自由（高貴な自由）は共産主義ではなく、保守思想が擁護すべき至高の価値である（拙著『日本人として読んでおきたい保守の名著』PHP新書、絶版）。保守主義を確立したバークを、論敵のマルクスは主著『資本論』（岩波文庫）で「有名な詭弁家《きべんか》であり、追従者《ついしょうしゃ》であるエドマンド・バーク」と誹謗中傷したが、「詭弁家」の揶揄《やゆ》は、共産主義の名で「人間の自由」を語る党にこそ相応《ふさわ》しい。

彼らは、自分たちの「綱領」を「未来への確かな羅針盤」と自画自賛する。共産主義はいざ知らず、保守がよるべき羅針盤は旧来の伝統である。バークは「保守主義の聖典」と称される主著でこう書いた。

「旧来の社会通念や生活規則が除去されるならば、その場合の損失はけだし計り知れぬものがあろう。我々は、その瞬間から自らの行動を律する羅針盤を持たなくなって、自分が目指す港の所在さえも分明には識別できなくなるだろう」（『フランス革命についての省察』

岩波文庫）

旧来の伝統という確かな羅針盤を破壊する暴挙こそ革命であろう。バークが省察したフランス革命がそうだった。日本共産党が掲げる「民主主義革命（から社会主義革命への二段階革命）」も例外であるまい。具体例を示そう。党が「未来への確かな羅針盤」と自画自賛する綱領は「天皇」についてこう書く。

《党は、一人の個人が世襲で「国民統合」の象徴となるという現制度は、民主主義および人間の平等の原則と両立するものではなく、国民主権の原則の首尾一貫した展開のためには、民主共和制の政治体制の実現をはかるべきだとの立場に立つ。天皇の制度は憲法上の制度であり、その存廃は、将来、情勢が熟したときに、国民の総意によって解決されるべきものである》

ホンネが垣間見《かいまみ》える。危険な体質が透けて見える。彼らが掲げるのは「民主共和制」であり、立憲君主制ではない。旧来の皇室伝統を「民主主義および人間の平等の原則と両立するものではなく」と否定する。「将来、情勢が熟したときに、国民の総意によって」との条件ながら「その存廃」に言及する。

今年（平成二十八年）初めて通常国会の開会式に日本共産党の国会議員が出席した。天皇陛下をお迎えする開会式は「憲法の国事行為から逸脱する」として昭和二十二年以降、出席してこなかったが、方針を転換した。これもソフトイメージ戦術なのだろうか。

だが、志位委員長は「すべての侵略戦争と植民地支配というのは、天皇制が引き起こしたものだった」と明言し、東京裁判の問題点として「第一は、最大の戦争犯罪者であった昭和天皇を免責したこと」を挙げている(『綱領教室』新日本出版社)。二〇一五年末の記者会見では、こう語った。

「天皇のために特別に高い玉座《ぎょくざ》が設けられ、そこでお言葉を賜《たまわ》るという形式は、現憲法の主権在民の原則と精神に反するものであって、抜本的改革が必要だ」(二〇一五年十二月二十四日、産経ニュース参照)

ならば、日本と同様の立憲君主国であるイギリスの議会政治にも「抜本的改革が必要だ」となってしまう。玉座を壊し、議員と同格で迎え、発言を禁じることが「主権在民の原則と精神」なのだろうか。大半の日本人がそうは思うまい。それは私たちの自然な感情に反する。再びバークの主著を借りよう。

「我々は、神を畏《おそ》れ、国王を畏怖《いふ》の念で仰ぎ見る。(中略)何故かって?(中略)そのような気持になるのが自然だからである」(傍点ママ)

先の会見では以下のやり取りもあった。

――いつ党としてどのような形で出席を決定したのか。その際に党内でどのような議論をしたか。

「21日の常任幹部会で決定した。議論も行ったが、全員の賛成を得てこういう決定をした」

――何かきっかけがあったのか。いつごろから議論したのか。

「いろいろな検討をわれわれは、党の指導部の中ではやってきた。これまでも。まとまった形で党の機関で正式に決定したのは21日ということだ」

――議論で異論はなかったか。

「皆さん異論はなかった。出席すべきだと。出席して改革を提起していくということが今の状況の中で最もいい対応になると。その点での意見は全員一致だった」（前掲産経記事）

## 「温かい人間的絆で結ばれた人間集団」？

さすが「民主集中制」の党である。重大な問題なのに、いっさい異論が出ない。彼らに人間としての自然な感情があるのだろうか。一言で評すれば、冷たい。

だが、志位委員長は正反対の認識をお持ちのようだ。先の講演でこう自己紹介した。

「私も、大学1年生の時に日本共産党に入党しまして、今年で41年になります。私の場合、父も母も日本共産党員でありまして〝家業〟を継いだと（笑い）いう面もあるのですが、もちろん私自身の意思で選んだ道であります。振り返ってみまして、この道を選択してよかったなとつくづく思います。いいとこですよ（笑い）。温かい人間的絆で結ばれた人間集団が日本共産党です」

両親とも党員の家に生まれ、家業を継いだ志位委員長はそうかもしれない。東京大学工学部物理工学科を卒業した翌年、日本共産党東京都委員会に勤務し、その二年後は中央委員会に勤務。その後、准中央委員、中央委員会書記局員、中央委員、書記局長と順調に出世し、衆議院選挙で当選後、幹部会委員長となり、すでに八期目の当選を果たしている。

その立場から振り返れば「この道を選択してよかったな」「いいとこですよ」となろう。

だが、我々の目線では「温かい人間的絆で結ばれた人間集団」には見えない。たとえば異論が噴出する自民党の部会や、肝心な時にバラバラになる民主党のほうが、むしろ人間的に思える。この原稿を書くに当たり、志位委員長の膨大な発言録を渉猟《しょうりょう》した。正直に告白しよう。とても高い知性を感じた。凡百《ぼんぴゃく》の党員や党国会議員とは違う。党幹部や有名議員らの発言録も渉猟したが、論旨は委員長と同じ。特段の知性は感じなかった。彼ら彼女らの軽率なネット投稿や発言を例外とすれば個性も感じられない。それは委員長にも当てはまる。正直に書こう、人間性を感じた発言は少ない。右に引用した部分は、その希少な例外に当たる。もし私が「冷たい綱領や党規約で結ばれた組織が日本共産党」と言えば、言い過ぎだろうか。

先の総選挙で党は有権者にこう訴えた。

《社会の進歩は、悪政の矛盾が深刻になるだけではすすみません。主人公である国民のなかに「社会を変えよう」という多数派がつくられてこそ実現されます。日本共産党は、国民の力を集め、社会を変える多数派をつくる仕事に、全国の草の根からコツコツと取り組んでいる政党です。／国民とともに、希望ある未来をつくる政党が日本共産党です。今度の総選挙で、どうか日本共産党を躍進させてください》（前出）

結果は比例代表で二十議席（北海道一、東北一、北関東二、南関東三、東京三、北陸信越一、東海二、近畿四、中国一、九州二）、小選挙区で一議席（沖縄一区）を獲得。解散時の八議席から十三議席増の二十一議席となった。彼らが誇るべき成果と言えよう。

二〇一一年八月の「危機をのりこえて新しい日本を」と題した党創立八十九周年記念講演で、志位委員長はこう語った。

《いま国民の中に起こっている変化は、広く深いものであり、それは希望ある変化でありますʼ。しかし、それは自動的には日本社会の変革にはつながりません。日本共産党を大きくしてこそ、変革は現実のものになってまいります（「そうだ」の声、拍手）。さきほど、「歴史的前夜」と申しました。自然の夜明けは寝ていてもやってきますが（笑い）、社会の夜明けはみんなで力をあわさなければやってまいりません。（大きな拍手）》

同様に、二〇〇五年十一月の「〝三つの異常〟をただす日本改革を」と題した日本民主青年同盟第三十二回全国大会での講演でもこう述べていた。

「自然の夜明けは、寝ていてもやってきますが、社会の夜明けというのは、自然にはやってきません。国民のたたかいがなければ、日本の夜明けはやってきません」（『日本共産党とはどんな党か』新日本出版社）

なかなかレトリックが効いている。委員長もお気に入りの表現なのであろう。重要な局面で繰り返し活用している。

## 「最期を告げる鐘」はいつ鳴るのか

二〇〇九年一月十九日放送の「日経スペシャル　カンブリア宮殿」（テレビ東京系）に出演した志位委員長は、当時の「派遣切り」問題を受け、『資本論』の以下を援用した。

「すべて株式投機では、いつかは雷が落ちるに違いないとは知っていても、自分は黄金の雨を受け集めて、安全な場所へ運んでしまってから、雷は隣人の頭に当たるということが、誰しも望むところであらう。後は野となれ山となれ！　これがすべての資本家と、すべての資本家国民との標語である。だから、資本は、労働者の健康や寿命にたいしては、社会によってそれにたいする考慮を強制されないかぎり、何ら考慮するところがない」（岩波文庫訳）

二〇一二年一月の第十回「綱領教室」でも志位委員長は右を紹介し、番組の司会者（村上龍）が「マルクスはやっぱりいいことをいいますね」と応じた経緯を援用した。

ただし『資本論』はこうも断言した。

「生産手段の集中と労働の社会化とは、それらの資本主義的外皮とは調和しえなくなる一点に到達する。外皮は爆破される。資本主義的私有の最期を告げる鐘が鳴る。収奪者が収奪される」

「資本主義的生産は、一種の自然過程の必然性をもって、それ自身の否定を産み出す」

幸い、まだ「最期を告げる鐘」は鳴っていない。つまりマルクスの有名な予言は外れた（ないし、まだ当たっていない）。この点はどう釈明するのか。二〇一四年九月に不破哲三前委員長が講義した「理論活動教室」から学ぼう。

「資本主義的外皮を粉砕する人がいなければ粉砕されず、弔鐘《ちょうしょう》は鳴らす人がいなければ鳴りません。資本主義の矛盾がいかに深刻でも自動的に崩壊しないのです」（党公式サイト）

さすがレトリックは上手いが、これも詭弁の一種ではないだろうか。

もし結局、人為的な努力に委《ゆだ》ねられるのなら、そこに「一種の自然過程の必然性」は〝ない〟ことになってしまうのではないのか。後任者（志位）のレトリックを借りよう。もし「自然過程の必然性」があるなら、夜明けは寝ていてもやってくる。マルクスが明示したとおり、資本主義はそれ自身の否定を産み出す。別に「前衛」（共産党）が革命を起こし、資本主義の外皮を粉砕し、弔鐘を鳴らす必要はない。

――少し皮肉が過ぎたであろうか。ただ、ここは彼らの本質を見定めるうえで非常に重要なポイントであり、避けて通れない。一九六一年の第八回党大会で決定された古い日本共産党綱領はこう明記していた。

「日本人民の真の自由と幸福は、社会主義の建設をつうじてのみ実現される。資本主義制度にもとづくいっさいの搾取《さくしゅ》からの解放、まずしさからの最後的な解放を保障するものは、労働者階級の権力、すなわちプロレタリアート独裁の確立、生産手段の社会化、生産力のゆたかな発展をもたらす社会主義的な計画経済である」

右の「独裁」を一九七三年の第十二回党大会で「執権」と言い換え、改定を重ね、現在の綱領に至った。志位委員長がどれだけソフトに「人間の自由」を語ろうが、結局それは「社会主義の建設をつうじてのみ実現される」「すなわちプロレタリアート独裁の確立」ということになる。しかも彼らは本気だ。けっして〝お題目〟を唱えているわけではない。二〇一二年三月、志位委員長は「綱領教室」の最終第十二回講義をこう締めた。

「綱領は、学習するだけではなくて、実践して初めて綱領なのです。綱領に書いてあることを現実に実行してこそ、私たちは本当に綱領を生かしたといえます。（中略）社会主義的変革にすすむ（中略）これを現実のものにするために奮闘しようではありませんか」

ご師匠のマルクスも『ドイツ・イデオロギー』（岩波文庫）をこう締めた。

「哲学者たちはただ世界をさまざまに解釈してきたにすぎない。肝腎なのは、世界を変革することだ」

## 信仰も希望も愛もない

そのマルクス・レーニン主義が生んだ社会で何が起きたか。ここで改めて説明する必要はあるまい。二十世紀の歴史は社会主義・共産主義の歴史でもあった。著名な哲学者、カール・ポパーは旧ソビエト陣営を「最大の悪」と非難し、一九五八年に「われわれの時代における最大の悪もまた、他者を助けまた他者のために犠牲を払おうとする願望から生まれたことを忘れてはなりません」と講演した。

志位委員長が大好きな青年マルクスの「最大多数の人々を幸福にする」という「他者を助け、他者のために犠牲を払おうとする願望」が皮肉にも「最大の悪」を生んだ。歴史はアイロニー（反語）に満ちている。著名な神学者、ラインホールド・ニーバーも共産主義を「キリスト教のいう罪のもっとも典型的なものを生みだす」と批判した（『アメリカ史のアイロニー』聖学院大学出版会）。併せて以下の名句も引用しよう。マルクスの著作や党の綱領、党幹部の発言と、ぜひ読み比べてほしい。
「いかなる価値あることも、人生の時間の中でそれを完成することはできない。それゆえひとは希望によって救われねばならない。いかにまことで美しく善きことであっても、目に見える歴史の現実の中でそれを明白に実現することはできない。それゆえひとは信仰によって救われねばならない。いかに有徳な者であっても、ひとのなすことは、ただひとりだけでは達成することはできない。それゆえひとは愛によって救われるのである」(同前)
「科学的社会主義」には、信仰も、希望も、愛もない。「暴力革命の方針」はあっても、赦《ゆる》しという究極的な愛がない。まさに罪深く、救いがたい。改めて日本共産党の主張をじっくり聞き、そう感じた。

# 第4章　護憲派テレビの何が気持ち悪いのか

## 朝日の虚報は今日も続く

二〇一五（平成二十七）年九月十九日、平和安全法制（いわゆる安保法案）は院内での乱闘騒ぎの末、可決成立し、同月末に公布。ようやく二〇一六年三月に施行された。この法案を巡り、護憲派マスコミは誤報や世論誘導を続けてきた。朝日新聞は朝刊一面トップ記事でこう書いた。

「自衛隊員は自らや近くの人を守るためにしか武器を使えなかったが、法改正で任務を妨害する勢力の排除や住民の安全確保にも使用が可能になった」（二〇一五年九月二十四日付）

これでは「法改正」（平和安全法制整備）の意味が伝わらない。訂正しておこう。あえて記事を活かせばこうなる。

「自衛官は自己を守るためにしか武器を使えなかったが、法改正で近くの他人を守るためにも使用が可能になった（以下略）」

護憲派が信奉する新聞の一面トップにしてこの始末。二〇一五年九月二十二日付朝刊記事「安保法、自衛官ＯＢの懸念」でも冒頭こう書いた。

「成立した安全保障関連法により、日本は集団的自衛権の行使が可能となるほか、海外に自衛隊を派遣して常時、他国軍を後方支援できるようになる。自衛官OBの中には、米国の戦争に巻き込まれる懸念や、リスクの増加を指摘する声がある」

法改正により「行使が可能となる」集団的自衛権は「存立危機事態」に限られる。きわめて限定的な行使に過ぎない。そう記事が明記しない理由はなにか。

同様に、次の「常時」も針小棒大《しんしょうぼうだい》。最後に至っては論外。

もし「自衛官OBの中に」そうした「懸念」や「声がある」としても、そうでない声も多数ある。もし実際にOBや現場の声を拾いながら「リスクの増加を指摘する」なら、記事の「集団的自衛権の行使」や「後方支援」ではなく、国連PKO（における安全確保業務）を例示すべきである。どう考えても、後者のほうがリスクは高い。事実ほぼ毎年、三桁《けた》の犠牲者を出している。

だが、朝日新聞の「報道」は違う。法案の可決成立を受けた九月二十日付朝刊一面のトップ記事でもこう書いた。

「歴代政権が認めてこなかった集団的自衛権の行使を憲法解釈の変更によって容認したことに加え、自衛隊が他国軍を後方支援する際、自衛隊の活動地域をこれまでより拡大させることで、自衛隊のリスクが一層高まるとの指摘もある」

本気でこう勘違いしているなら、ジャーナリズムとして恥ずかしい。そうでなく意図的なら、実に罪深い。国連ＰＫＯへの自衛隊派遣は、いまや国民世論の大半が理解し、賛成している。他方、集団的自衛権行使への理解は少ない。だからＰＫＯを避け、集団的自衛権を指弾した。そういう意図であろう。ならば、本心から「自衛隊のリスク」を心配しているわけではない。

近い将来、自衛官は避けがたいリスクに直面すると思う。「自衛官ＯＢ」としてテレビ出演した番組でもそう明言した。ただし、私がＯＢとして（加えて言えば、いまも防衛大学校生の父親として）「懸念」するリスクは「憲法解釈の変更」とは関係ない。本来なら言うまでもないが、集団的自衛権より個別的自衛権行使のほうが桁違いにリスクは高い。

護憲派が何でもかんでも「集団的自衛権」のせいにしたり、「戦争法案」とレッテルを貼ったり、「徴兵制の不安」を煽ったりしたせいで、実際の問題点が見えなくなってしまった。現場が抱くリアルな懸念や、実務上のリスクが伝わらなかった。いまなお現場の思いは国民に届いていない。

## 暴走するＴＢＳテレビ

いまも大学入試問題の出題率ナンバーワンを誇る「朝日新聞」の「報道」にして連日この始末。テレビ報道はさらに酷い。とくにＴＢＳが目立った。

二〇一五年九月十三日放送の「サンデーモーニング」は、姜尚中《カンサンジュン》（東京大学名誉教授）が「近代の歴史にも暴君征伐論があった。君主が酷いことをやったら、ひっくり返していい」と総理を「暴君」に譬《たと》え、「征伐」を奨励した。番組で何の釈明もなく、同席していた青木理《おさむ》（ジャーナリスト）が「立憲主義を無視する政権をこのまま存続させるべきなのか。その判断を僕らの側がする」と追従《ついじゅう》した。

さらに岸井成格《しげただ》コメンテーターが「集団的自衛権という言葉が悪い。一緒になって自衛することだと思っている（国民がいる）が、違うんですね。他国（防衛）なんです。撤回か廃案にするべき」と暴論を振りまいた。念のため付言すれば「集団的自衛権」は国連憲章にも（英語等の公用語で）書かれた世界共通の言葉であり、岸井のコメントは外国語に翻訳不可能である。国際法や世界の常識に反している。「悪い」のは「集団的自衛権という言葉」

ではなく、彼の知力であろう。善悪を判断する知性と理性を欠いている。

同年九月十六日の「NEWS23」も、藤原帰一《きいち》（東京大学教授）が「瑕疵《かし》がある」と政府与党を批判。ここでも岸井アンカーが「審議不十分」と批判した。さらに石川健治（東京大学教授）が「法学的にはクーデター」と断じ、「専制主義、非立憲」と断罪。岸井が「日本の民主主義は暗い」と総括した。すべて彼らの主義主張に過ぎない。「暗い」のは日本の民主主義ではなく、彼らのコメントであろう。

法案の可決成立を受けた九月十九日放送の「報道特集」では、金平茂紀《かねひらしげのり》キャスター（TBS執行役員）が「過半数の国民が反対するなか、戦後七十年『専守防衛』を貫いてきた安全保障政策が大転換しました。立憲主義と国のあり方はどう変わっていくのか。徹底検証しました」と導入した。正しくは政府が説明するとおり、今後も「専守防衛」が続く。別に「大転換」でも何でもないが、所詮、彼らには馬耳東風《ばじとうふう》。

番組は「自衛隊員家族　募る不安」と題し、専用ホットラインへの「相談件数は二日間で三十五件に上った」と紹介した。「現役自衛隊員の両親」が「本当に引き戻したい。ほとんどの親はそうですね」とも語ったが、実態を反映していない。「ほとんどの親」は「引き戻したい」とまでは思っていない。もしTBSが報じたとおりなら、相談件数が二日間で三十五件に留まるはずがない。現役だけで二十四万人、両親はその倍もいるのだから。

むしろ自衛官と家族が感じているのは、こうした「報道」への反発である。国民の理解や支持なく派遣されることへの不安であり、乱闘騒ぎを起こした政治への不信である。それなのに、番組では山崎拓《やまさきたく》（元自民党副総裁）が「禍根を残した」が「政権交代すれば修復可能。解釈が戻る」とコメントした。こんな人物が自民党政権下の防衛庁長官だったのだ。正直、みなウンザリしている。現場には平和安全法制への不満もあるが、誰も「政権交代」は望んでいない。民主党政権を懐かしむ隊員など一人もいまい。

翌二十日放送の「サンデーモーニング」も凄かった。まずテロップで「安保法成立　海外で武力行使可能に」。だが、その可能性はまずない。なぜなら「例外なく事前の国会承認」となるからだ。そう与野党で合意され、閣議決定された経緯を無視した断定である。

まず司会者（関口宏）が「平和主義を空洞化させる動き」と導入。寺島実郎《じつろう》（多摩大学学長）が「国民の支持も理解もない法案」、田中優子（法政大学総長）が「長い間議論したというが議論していない」と断じた。いずれも独断ないし偏見である。有名大学の学長や総長が何と言おうが、事実は違う。第一次安倍政権以来、議論してきたのだ。二〇一四年七月一日の閣議決定以降だけでも一年以上かけた。これでも、まだ足りないのか。

## 「自衛官のリスク」という口実

さらに半田滋《しげる》(東京新聞論説兼編集委員)が「憲法の制約が取り払われて、ほぼオールマイティで何でもできる。それは抑止力になるかもしれませんが、普通の国としてそのようなことをやるのは、憲法の要請するところなのか。立憲主義国家としていかがなのかと感じざるを得ない」と批判した。「ほぼオールマイティで何でもできる」というが、自衛権行使要件は世界一厳しい。「普通の国として」というが、新法制下も日本は「普通の国」になっていない。ザックリ言って半分以下である。

続けて二〇〇四年の「派遣された陸上自衛隊の内部映像」が流れ、元小隊長が「もう一歩踏み込んだ審議をやってもらわないと、派遣された自衛官はほとんど負傷するか戦死するか、どちらかだと思う」と語った。

なぜ、審議をしたら「戦死」がなくなるのか。意味不明である。ここでも半田が「南スーダンの自衛隊が武器をもって日本人NGOを救出できることになる。安保法案では合法だが、刑法の殺人罪や傷害致死罪で裁かれる可能性がゼロではない」と語った。本気でそう心配するなら、刑法や憲法の改正を主張すべきであろう。自衛隊を軍隊とし、軍法会議を設置すべきと訴えてはどうか。安保法案を批判するのは本末転倒の倒錯《とうさく》である。

さらに細川護熙《もりひろ》（元首相）、小林よしのり（漫画家）、小林節《せつ》（慶應義塾大学名誉教授）、「ママの会」、「シールズ」、佐高信《さたかまこと》（評論家）ら護憲派が次々登場。最後に岸井がこう締めた。

「これが後悔になっちゃいけないなと思うことは、メディアが法制の本質や危険性をちゃんと国民に伝えているのかなと。いまだに政府与党のいうとおり、日本のためだと思い込んでいる人たちがまだまだいるんですよ。この法制ってそうじゃないんですよ。他国のためなんです。紛争を解決するためなんです。それだけ自衛隊のリスクが高まっていく（以下略）」

岸井に言わせれると、これでもまだ批判報道が足りないらしい。右は法案が「存立危機事態」の要件を明記した経緯を無視した独善である。外国語に翻訳不能な暴論である。もし本気で「自衛隊のリスク」を心配するなら、前述のとおり別のコメントになるはずだ。

たとえば、国連ＰＫＯ活動拡大の「本質や危険性をちゃんと国民に伝えて」ほしい。それが直接的には日本自身のためでなく「他国のため」「紛争を解決するため」であり、「それだけ自衛隊のリスクが高まっていく」と視聴者に訴えてはどうか。

だが、護憲派は決してそうはしない。国民がPKO自衛隊派遣を評価しているからである。受けない論点を避け、「集団的自衛権」や「後方支援」だけを咎《とが》める。自らは安全な場所にいながら、「危険（リスク）を顧みず」と誓約した「自衛官のリスク」を安倍批判で用いる。実に卑怯な論法ではないか。

十月十一日の「サンデーモーニング」も、司会者が「しっかり議論されないまま法案が通っちゃったという感じですよね」と導入。田中秀征《しゅうせい》（福山大学客員教授）が「軍事力で貢献しなくても、ノーベル賞でこれだけ貢献しているじゃないですか」「あれ（法制）は、はっきり撤回しないといけない。このまま実施なんか、できないですよ」。目加田説子《めかたもとこ》（中央大学教授）が（オバマ大統領が「誤爆」と謝罪したのに）「誤爆ではなく無差別攻撃。戦争犯罪に近い」と決めつけて米軍を誹謗し、「秀征さんがおっしゃったように、そこに今後、日本が加担していく」「この法案は通ってしまったわけですけど、使ってはいけない。変えていかなければいけないと強く思います」。……日米の制服組（軍人）を犯罪者のごとく評する感覚は正常でない。法案が与野党による賛成多数で可決された経緯も黙殺する。いったい何様のつもりなのか。

加えて萱野稔人《かやのとしひと》（津田塾大学教授）に続き、金子勝（慶應義塾大学教授）が「いまのご意見と同じ」「平和憲法を使って、したたかに外交を展開しないと日本の国益は守れない」と政権を批判。岸井が「平和国家のイメージが損なわれるだけじゃなくて日本自身が紛争当事国になる」「テロのターゲットになるリスクも抱え込む」と不安を煽って番組は終了した。

## 「TBSは公平・公正」なのか

あえて百歩譲って、そのリスクがあるとしよう。ならば訊く。リスクは欧米諸国に負担させ、自らはけっして背負わない。そんな卑怯な「平和憲法」とやらに価値があるのか。「したたかな外交」とやらで守れる「国益」など、たかが知れている。要するにカネで買えるものであろう。そこに死活的な意味はない。護憲派の説く「平和主義」は美しくない。不潔である。腐臭《ふしゅう》が漂う。

十月十七日放送の「報道特集」は米軍普天間飛行場の辺野古《へのこ》移設を批判的に取り上げ、成蹊大学の教授に「安保法案に続いてまた非常に強引に政府が民意を無視するような形で政策を進めることになる。アメリカを含めた民主主義の先進国から見て『日本は本当に民主国家なのか』という疑問を投げつけられる」（武田真一郎）と真顔でコメントさせた。バカらしいので反論は略す。

　後半の特集では、佐世保を「旧海軍の街の特異性」が残り「奇異に映る」街として沖縄と対照させた。翌十八日放送の「時事放談」でも、浜矩子《のりこ》（同志社大学教授）が安倍政権の「法廷闘争」を「ゴリ押しでいこうという発想自体、そもそも政策運営をする資格はない」と毒づいた。同日の「サンデーモーニング」でも、前夜の「報道特集」と同じ米総領事への「単独インタビュー」を使いながら日米両政府を批判。姜尚中が「沖縄は呻《うめ》き声を上げている」。田中優子が「人権問題」。涌井雅之が「興味深く総領事の発言を聞いた」と皮肉を語り、岸井が「民意を無視して強行するのは、あり得ない無理筋」と批判した。ならば、普天間問題をどう解決するのか。

　以上、すべてＴＢＳの看板番組である。二〇一五年九月三十日、武田信二社長が「『一方に偏っていた』という指摘があることも知っているが、公平・公正に報道していると思っている」と会見した。社長は自局の番組を見ているのだろうか。以上を「公平・公正」とするのは「民意」を無視した「ゴリ押し」であろう。放送事業に当たる資格がない。平和憲法を守れと訴える前に、テレビは「政治的に公平」「事実をまげない」「意見が対立している問題については、できるだけ多くの角度から論点を明らかにすること」を求めた放送法を遵守してほしい。

北朝鮮の弾道ミサイル発射が止まらない。核開発も止まらない。二〇一五年十月三日には、中国が新型弾道ミサイルを軍事パレードで披露。いわゆる「Ａ２／ＡＤ」（接近阻止・領域拒否）能力と「対米核抑止力」を誇示した。

だが、護憲派の視界は海外まで及ばない。北朝鮮でも中国でもなく、安倍政権を非難する。総理を「バカ」呼ばわりし、「早く病院に行って辞めたほうがいい」とわめく。学生を教え諭すべき教授（山口二郎、法政大学）が「お前（首相）は人間じゃない、たたき斬ってやる」と叫ぶ。学生が「安倍を暗殺するしかない」とネット投稿する。

## 「良識の府」が聞いて呆れる

護憲派は学生らを持ち上げたが、いずれも侮辱罪（拘留又は科料）や脅迫罪（二年以下の懲役）に当たる違法な暴言である。

発言内容以前に、法律上、「何人《なんぴと》も、国会議事堂等周辺地域及び外国公館等周辺地域において、当該地域の静穏《せいおん》を害するような方法で拡声機を使用してはならない」（法第五条）。民間人に例外として許されるのは選挙運動や災害時の使用だけ（同前）。警察官は「当該違反を是正するために必要な措置をとるべきことを命ずることができる」（第六条）。「警察官の命令に違反した者は、六月以下の懲役又は二十万円以下の罰金」が科せられる（第七条）。決して軽い罪ではない。

憲法を守れと叫ぶ前に、法律を遵守してほしい。私も被害者だ。ネット上の「ゴー宣道場」（小林よしのり代表師範）が「潮匡人って男は、見かけはサルだが中身はサル以下‼」と書いた。いまもグーグル検索すると、トップページに表示される。名誉棄損罪（三年以下の懲役）ないし侮辱罪が成立する。安倍政権や「保守」への批判なら、誰が何をしても許されるのか。

野党議員も例外でない。「平和主義」を語る前に、平和的に審議してほしい。ドサクサに紛れて自民党の大沼みずほ議員を引きずり倒し、投げ飛ばすなど論外。傷害罪（十五年以下の懲役）ないし暴行罪（二年以下の懲役）が成立する。その罪は重い。動画で確認できた範囲で、自民党の吉川ゆうみ参議院議員以外、誰も助けようとも、制止しようともしなかった。本人の謝罪もなく、両党幹部が〝手打ち〟。「良識の府」が聞いて呆れる。

民主主義を殺したのは安倍政権ではない。暴力や卑劣な実力（採決阻止のために女性議員を理事会室の前に並べ、自民党の鴻池《こうのいけ》委員長を部屋から出られないように監禁、助け出そうとした与党議員に「触るな、セクハラだ」と叫ばせた妨害作戦）を行使した野党である。安倍批判を合唱したマスコミである。

なかでも護憲派メディアの罪は重い。法案や与野党合意を報じるべき時間を割《さ》き、学生団体シールズらの絶叫を繰り返し放送した。女子高生の絶叫も垂れ流した。そもそも当時選挙権すら持たない高校生や、十代の大学生らの無内容な連呼に報道価値があったのか。シールズの発起人はマスコミの寵児《ちょうじ》となったが、彼らに被選挙権はない。国会議員となる法的資格を欠く若造を国会に参考人として呼ぶ政党がある。テレビ番組に出演させる放送局がある。なんとも不思議な感覚ではないか。

もし、護憲派に知性や良識があれば、こうはならなかった。拙著も企画されなかった。もっと理性的な議論が交わされ、法案は継続審議や大幅修正を迫られたはずだ。悲しいかな、彼らはまだ気づいていない。自分たちの間違いに。愚かで幼稚な過ちを犯したことに。何とも救いがたい。

はたして護憲派の辞書に「悔悟《かいご》」や「懺悔《ざんげ》」の文字はあるのだろうか。

# 第5章

# 〝TBSの顔〟岸井成格に問責する

## 総理以下、保守派を揶揄誹謗

〝TBSの顔〟と評して間違いない。平日は連夜「NEWS23」（MC：膳場《ぜんば》貴子）のアンカーを務め、日曜日には毎週「サンデーモーニング」（司会：関口宏）のコメンテーターとして出演する。TBSの社長を知る視聴者は少ないが、彼の顔は広く知られている。安住《あずみ》紳一郎アナを別格とすれば、凡百《ぼんぴやく》の局アナより知名度が高い。TBSの報道を主導している。「〝顔〟は言い過ぎ」との反論を封じるため、「NEWS23」公式サイトを借りよう。

《TBS／JNN系列でもおなじみの〝顔〟であり、週末の「サンデーモーニング」や各ニュース番組、報道特別番組などでコメンテーターとして活躍中》

実際、たとえば二〇一四年末の報道特別番組「報道の日2014」（司会：関口宏・膳場貴子、TBS系列）にゲスト出演した。右サイトはこう続く。

「政治はもちろん、経済・社会から世界の動向まで、鋭い視点で切り取り、時代の深層を抉《えぐ》り出す力、さらにそれを明解な分析と分かりやすくテレビで伝えることができる力。この双方を備えた、稀有《けう》なジャーナリストといっても過言ではない」

まさに、べた褒め。恥の感覚を忘れた自画自賛と言ってもよい。我田引水《がでんいんすい》、誇大広告、虚偽宣伝と評してもよかろう。以下、そう評する理由を述べる。

岸井成格《しげただ》。一九四四年、東京生まれ。慶應義塾大学法学部卒業後、毎日新聞社に入社。ワシントン特派員、政治部副部長、論説委員、政治部長、編集局次長、論説委員長などの要職を経て、「記者のトップである主筆を3年間務めてきた」（ＴＢＳ）。いまもアンカー業のかたわら、毎日新聞特別編集委員（役員待遇）を兼ねる。

ＴＢＳに加え、〝毎日新聞の顔〟と言ってもよい。事実、毎日新聞社の公式サイトは「情報番組などにコメンテーターとして出演するなど、毎日新聞の〝顔〟として多くの人におなじみの論客陣」と岸井をトップで紹介している。

新聞「記者」、それも論説委員長や主筆まで務めた毎日の〝顔〟にしては著書が少ない。単著は『大転換――瓦解へのシナリオ』（毎日新聞社）だけ。対談本を含めた共著が三冊。編著を入れても合計七冊しかない（国立国会図書館サイト検索）。

問題は量より質だ。最新刊（二〇一三年三月刊）は佐高信《さたかまこと》との対談『保守の知恵』（毎日新聞社）。同書のなかで、安倍晋三総理や閣僚を「タカ派」と断じて呼び捨て、揶揄誹謗《やゆひぼう》している。被害者は政治家に限らない。自称「保守の知恵」を語りながら、いわゆる「保守」陣営への罵詈雑言《ばりぞうごん》を重ねている。

いまに始まった手法ではない。同書は二〇〇六年発刊の『政治原論』（毎日新聞社）の続編に当たる。同じ対談本であり、相手はもちろん佐高信。なかで佐高が「偏狭《へんきょう》なナショナリストが晋三の周りにはたくさんいる」「たとえば岡崎久彦なんていうのも入っているわけでしょう?」と訊く。岸井の答えは以下のとおり。

「入っている、中西輝政とか八木秀浩とかね」

物心両面にわたり岡崎大使のお世話になった者として聞き捨てならない。岡崎研究所特別研究員として岸井に問う。岡崎の、どこがどう「偏狭」なのか。一連の著作はどれもバランスがとれている。「真正保守」を名乗る右派陣営から「親米ポチ保守」とレッテルを貼られたアングロサクソン重視派の岡崎が「偏狭なナショナリスト」のはずがない。

同書発刊当時は第一次安倍政権。つまり岸井と佐高は、第一次、第二次とも安倍政権のときに対談し、総理以下の安倍陣営や保守派を揶揄誹謗してきた。念のため検索してみたが「八木秀浩」なる人物に該当者はいない。ありがちな文字変換ミスでも、こうはならないが、「八木秀次《ひでつぐ》」（麗澤大学教授。日本教育再生機構理事長）の間違いであろう。お互い様なので誤字誤植は咎《とが》めない。問題は認識評価である。同書によるなら、たとえばフジテレビジョンは「偏狭なナショナリスト」に番組審議委員を委嘱《いしょく》したことになってしまう（八木は委員）。偏狭なのは岡崎や八木ではなく、岸井と佐高の主義主張ではないのか。

## 不勉強と自衛隊への強い偏見

同書で岸井はこう語る。

「理想論とかを頭に置いていると、政治記者という仕事はできない。もし理想論にこだわる人だったら、独立すべきだよ」

ならば、新聞社の役員待遇にしがみつくことなく、さっさと自主独立すべきであろう。なぜなら、そういう岸井自身が、よく言えば理想論、普通に言えば、偏狭な主義主張にこだわる人だからである。「理想論」にこだわるあまり、真実も事実も見えていない。たとえば、いわゆる尖閣問題に関連し、最新刊の続編でこう語る。

「これは言いにくいところだけれども、自衛隊、それから海上保安庁も、実力組織というのはこういう時になると、強硬論が台頭してくる」

続けて佐高が根拠を挙げずに「絶対そうなるだろう」と追従《ついじゅう》。岸井がこう続けた。

「しかしこういう時こそ慎重にならなければいけない。戦争に向かう時ってこうなんだ。軍部の本質というのはこういうものなんだ、という気がするな」

気のせいに過ぎない。彼らの錯覚であり、恥ずかしい誤解である。自衛隊（と海保）の名誉のため訂正しておこう。「絶対そう」ならない。対談から三年以上経つが、現にそうなっていない。論証は以上で足りるが、念のため付言しておく。

たしかに当時、一部の「保守」が自衛隊の尖閣派遣や部隊常駐論を唱えた。彼ら彼女らは全員、ジャーナリストや学者、文化人であって、現役自衛官でもなければOBですらない。軍事や防衛には疎《うと》い人々が「強硬論」ないし「理想論」を唱えただけ。それが現実いかに困難かを説明し、〝慎重論〟を唱えたのは、他ならぬ自衛隊である。われわれOBや現役の将官、佐官であった。

つまり事実関係は正反対。完全な事実誤認である。「軍部」や「自衛隊」に対する偏見や蔑視が生んだ恥ずかしい誤解である。自衛官に対する差別的な偏見は今も健在だ。岸井は二〇一五年三月八日放送の「サンデーモーニング」で、いわゆる「文官統制」を是正した安倍政権をこう誹謗した。

「総理大臣は最高指揮官なんですね。そうすると、軍人というのは命令に従う組織なんです。総理から言われたら、異を唱えるとか反対はできない。そういう組織なんです。それをチェックして『ちょっと待って下さい』と言えるのは文官しかいない。それを忘れてますよ」

　これもすべて間違い。総理は「内閣を代表して」（自衛隊法第七条）指揮監督できるだけ。「内閣がその職権を行うのは、閣議による」（内閣法第四条）。このため防衛出動には閣議を経なければならず、アメリカ大統領のような名実ともの「最高指揮官」ではない。また自衛官は名実ともに「軍人」ではない。

　許しがたいのは後段だ。自衛官は服従義務があるが、文官なら、総理の命令や指示を「チェックして『ちょっと待って下さい』と言える」らしい。岸井こそ重要な事実を忘れている。「行政権は内閣に属する」（憲法六十五条）。「総理は内閣の首長である」（同六十六条）。「内閣総理大臣は、閣議にかけて決定した方針に基いて、行政各部を指揮監督する」（内閣法六条）。

　岸井流に言えば、全省庁の「最高指揮官」である。岸井が特別扱いする「文官」も、法的な身分は国家公務員。ゆえに「上司の職務上の命令に忠実に従わなければならない」（国家公務員法九十八条）。それを「チェック」し、「ちょっと待って下さい」など違法かつ不忠不《ふ》遜《そん》な服務である。

さらに岸井は、安保法制で各種の「事態」が乱立している現状を「言葉の遊び」と揶揄し、こう述べた。

「五つぐらいあるんですよ。新事態、存立事態とか武力行使事態とか周辺事態とかね」

「事態とは何かと言うと戦争なんです。戦時体制ってことなんです。武器とか戦時体制って言葉を使いたくないんですね。だから言葉を変えようとするんですよ」

バカらしいが、手短に訂正しておこう。岸井は「集団的自衛権　事態がどんどん増える」と題した前日の三月七日付「毎日新聞」の社説を読んだのであろう。聞きかじりで知ったかぶりするから間違える。私は「言葉の遊び」とは思わないが、百歩譲って事実面での間違いに絞り、指摘する。

まず、岸井の言う「新事態」と「存立（危機）事態」は同じ概念である。そこから分かっていない。「武力行使事態」というが、そんな言葉もない。たぶん「武力攻撃事態」と混同している。悲しいかな、最後の「周辺事態」だけが実在したが、岸井が何と言おうと「戦争」ではない。「戦時体制」とも違う。法律上、周辺事態で自衛隊は武力行使できない。「武力による威嚇《いかく》」すらできない。それを「戦争なんです」と断じるのは、暴論ないし妄想である。いわんや「武器とか戦時体制って言葉を使いたくないんですね。だから言葉を変えようとする」との断定においておや。もはや低俗な陰謀論に過ぎない。

この日限りではない。前週の同番組でも自衛官に対する差別的偏見が露呈した。

「以前、防衛省を担当したことがあるんですが、中谷大臣の会見を聞いて、『ああ時代が変わったな』と思いましたね。我々がいた頃は、まだ常識的に、非常に感覚的にアレかもしれませんが、文民統制とそれを補充する文官統制は、戦前の軍部のドクセイ（独裁？ 独走？）に対する反省、とりわけ日本の場合、非常にそれが甚《はなは》だしかったんで、それを担保するものだと感じてたし、また考えてたんですよね。大臣は『まったくそうは思わない』っていうことですわね。そこはなんで、そういうことになってきたんだか。中谷大臣はアレ、自衛官出身ですから、ちょっとそういうとこ、あるかもしれませんけど。とにかくあの（以下略）」

きわめて差別的な暴言ではないだろうか。もし差別でないなら、「そういうとこ」とは、どういうとこなのか、具体的に示してほしい。ついでに「アレ」の意味も教えてほしい。事実関係も承服できない。かつて防衛庁長官官房広報課（対外広報）で勤務したが、私がいた頃は、右のごとき「常識」や「感覚」はなかった。

正確と公正を期すべく付言しよう。以上の問題発言に先立ち、司会が「歯止めがなくなる」と誘導したにもかかわらず、田中秀征《しゅうせい》（福山大学客員教授、元経企庁長官）は「制服組のほうが慎重であるということも十分ありえる」「戦前の軍の暴走のようになるかと言えば、そんなことはない」と抑制。西崎文子《ふみこ》（東京大学教授）も「必ずしも軍人が交戦的で文民が平和的だとは思わない」とコメントした。せっかく両教授が示した見識を、以上のとおりレギュラーの岸井がぶち壊した。

本来なら当たり前の話だが、派遣されるのは当の自衛隊。自身はもとより同僚や部下を危険に晒《さら》す。高いリスクに加え、コストも負担する。必要な予算を捻出《ねんしゅつ》せねばならない。自衛隊に限らず軍隊はいったん命じられれば、粛々《しゅくしゅく》と任務を遂行するが、基本的に慎重姿勢となる。威勢がいいのは、たいてい文官や政治家。そうでなければ決まってジャーナリストである。リスクもコストも負わない軽佻浮薄《けいちょうふはく》な人々である。

## 取っておきのオフレコはCIA陰謀説

二〇一五年の終戦記念日、そのジャーナリストが集う「日本ジャーナリスト会議」で岸井が講演した。

《「戦争法案」は衆院で強行採決された。戦後70年を迎え、安倍政権は若者たちを戦場へ送る方向へ突っ走っている。その実態、危険性などについて、ニュースの最前線から岸井氏が解説する》（同会議公式サイト）

どんな連中を前に、どんな話をしたのか。聞かなくても想像がつく。念のため講演録を検証しておこう。

「安保法制とは何か。いつでもどこでも世界地球規模、どこへでも自衛隊を出します。アメリカから、手伝ってくれ、助けてくれと要請があった時には自衛隊を出すんですね」

「巻き込まれるどころじゃないんですよ。アメリカの要請があったら、積極的にアメリカがかかわっている紛争地や戦闘地域に送るんですよ！」

右を裏付ける事実は一切ない。平和安全法制（いわゆる安保法制）に該当する条文はない。しかも土壇場の与野党合意により「例外なく事前の国会承認」が前提条件となった。ゆえに「アメリカの要請があったら」ではなく、「事前に国会が承認したら」が正しい。岸井は以下の見通しも披瀝《ひれき》した。

「臨時（？）国会を延長と言いますか、先送りと言いますかね。この国会で一気に成立させないで、国民の反発が強すぎるから、政権が倒れちゃうんじゃないの、それをやると、という判断が、おそらく出てくるんだと思うんです。その空気は、いま自民党のなかにも芽生えつつある」

結果、そうならなかった。三つの野党を含む多数が賛成。通常国会で可決成立した。岸井は講演の最後をこう締めた。

《最後に取っておきのオフレコです。安倍政治をずっと見ていて、思いだす言い伝えがある。「政権維持の三種の神器」。一がアメリカ、二、三がなくて四が財界、五がアンダーグラウンド人脈。これは生きているんです。（中略）特にアメリカ。トラブったり怒らせたりしたら、政権は必ずやられる。田中角栄さんがトラの尾を踏んだと言って話題になりました。いまの安倍さんがやっていることを見ると、まさにそのとおり。三種の神器ですよ。そして右派、右翼、アンダーグラウンドのフィクサーに続いている。また三種の神器が甦ってきたな、大丈夫かこれで、という気がします。（中略）風向きだけでなく、やや潮目も変わり始めているのかな、だからメディアも、ジャーナリズムの役割も大きくなっている。そういう感じがしています》

バカらしいが訂正しておこう。結果、そうならなかった。風向きも潮目も変わらず可決成立。護憲派メディアは惨敗。その役割を終えた。最大の問題は田中角栄に関するくだりである。低俗な陰謀説を「取っておきのオフレコ」と語る神経は正常でない。前出『保守の知恵』を借りよう。

「アメリカの意志によって田中をロッキードで葬りさろうとした――そういう見方もあるが、俺の取材した中ではそうした事実はないし、これは一種のＣＩＡ陰謀説の一つだな」

こう語ったのは、他ならぬ岸井である。その二年後に講演の最後を、俗悪な「ＣＩＡ陰謀説」で締める。これで生計が立つのだから、コメンテーター業とは楽な商売だ。

## 「拉致被害者を北に戻せ」と一貫主張

いや、罪深い仕事と言うべきであろう。二〇〇二年十二月一日放送の「サンデーモーニング」で誰が何をどう語ったか。翌々日付「毎日新聞」朝刊の連載コラム「岸井成格のＴＶメール」で振り返ろう。

《私は「一時帰国の被害者5人をいったん北朝鮮に戻すべきです」と、一貫して主張してきた持論を繰り返した。／同席していた評論家の大宅《おおや》映子さんは「私もそう思う」と同調した。／それが良識であり、国と国民の将来を考えた冷静な判断だろう。／私の知る限り、政府の強硬姿勢が世論の大勢とは到底思えない。／番組終了後も、田中秀征さん（元経企庁長官）は「政府が5人を戻さないと決めた時、背筋にゾッとするものを感じた」と率直に語っていた。勇ましい議論と感情論に引きずられる時の「この国」の脆弱《ぜいじゃく》さだ。（中略）「人はパンのみにて生きるにあらず」だ》

拉致被害者やご家族、ご友人、支援者らが、どう感じたか。想像するに余りある。いまからでも遅くない。関係者に謝罪し、放言を撤回すべきではないのか。

『聖書』を引用して北朝鮮の主張を擁護するなど以《もっ》ての外《ほか》。右聖句は「神の口から出る一つ一つの言葉で生きる」と続く。まず悪魔（サタン）が「石をパンに変えてみよ」と誘惑する。イエス（キリスト）が『旧約聖書』を引き、右のとおり答える。

岸井に問う。「一時帰国の被害者5人をいったん北朝鮮に戻すべき」との主張こそサタンの誘惑ではないのか。少なくとも『聖書』を論拠に公言すべきことではあるまい。引用を完全に間違えている。

岸井は二〇〇六年四月発行の対談本『これが日本の本当の話』（ロコモーションパブリッシング）でもこう放言した。

《彼らを一旦帰国させて向うに残してきた家族とも話し合う。それを突っぱねていれば拉致問題の全面解決も遠のいて、最後には、「戦争するか」となっていく危険性が大いにある》

もはや確信犯と評すべきであろう。ここでは「聞き手」（元木昌彦）も共犯者。以下のとおり導入する。

「テレビにハラが立っている。（中略）いくら孤立無援の国の独裁者だとはいっても、連日、悪魔のように言い立てるのは度が過ぎる」

私は右にハラが立つ。北朝鮮にハラが立つ。それが正常な感覚ではないのか。それを「悪魔のように言い立てるのは度が過ぎる」と独裁者を擁護する。しかもタイトルは「事実関係の検証をおろそかにして短絡的な報道に流れる今の風潮を危惧《きぐ》」。具体例の一つに「北朝鮮拉致被害者の扱いの問題」を挙げていた。他局のテレビ番組にハラを立て、「短絡的な報道」を危惧する前に、自ら発した言葉を検証してみてはどうか。

安保法制批判も常軌を逸している。岸井らは、どんなに悲しい朝も日米両政府への批判は忘れない。邦人テロの悲報が流れた二〇一五年二月一日も、岸井は英米への批判を語った。パリでの惨劇を受けた同年十一月十五日放送の「サンデーモーニング」でも、「テロは許さないというのが欧米（の主張）だが、イラク戦争がそういうの（土壌）をつくっちゃった」「十字軍以来の憎悪の連鎖がある」と被害者（欧米）を責めた。

加えて「安保法制もできましたからね、（日本も）ターゲットになりやすい」と視聴者の不安を煽りながら、「今度の安保法制、危ないなと思った最初は、ペンタゴンのドンと言われる人たちを取材して」云々《うんぬん》以下、趣旨不鮮明かつ検証不可能な話題を延々と続けた。肝心のテロ非難は番組最後の数秒だけ。いったい、どういう神経なのか。

その前週放送の同番組は、南シナ海問題を特集した。この日は西崎文子が留保を付言しつつも「日米同盟を強化するのは基本的に良いことだと思う」。続けて田中秀征が「人工島の十二カイリが領海だと認めれば、他の国もみんなやりますよ。国際法秩序、海洋法がまったく成り立たなくなる。アメリカの行動は正しいし国際世論も賛成している。ここは絶対に譲ってはいけないない」。この番組にしては珍しい展開になった。

ところが、司会者（関口宏）から「自衛隊の話がチラチラ出てきましたね」と振られた岸井が以下のとおり、いつもの流れに戻し、いつものレベルまで質を落とした。

## 安直すぎるテレビコメント

「いや一気に出てきましたね。特に新しい安保法制ができましたんでね、いつでもどこでも（新法が）施行されればですよ、アメリカの要請に応じて自衛隊を派遣するっていうことができるようになったわけです。その前段階でアメリカが言っているのは、合同パトロールとか合同訓練をあの南シナ海でやりましょうっていう話があるんですよ、内々、そこへホントに出すのかどうかね。そうすると、したたかな中国はおそらくアメリカに対する行動と日本の自衛隊に対する行動はおそらく分けてくると思うんです、分断を狙って。そのとき本当に対応できるのか、とちょっと心配です」

この直後にＣＭへ。せっかく西崎と田中が示した見識を、木《こ》っ端微塵《ぱみじん》にぶち壊した。「新しい安保法制」と南シナ海問題は直接関係しない。〝古い安保法制〟でも、要件を満たす限り「いつでもどこでも」自衛隊を派遣できる。現に南シナ海でも、どこでも日米その他で共同訓練を繰り返してきた。岸井はまるで理解していない。

一週間前の同じ番組も、同様の展開となった。ＮＨＫ以下他局が、勝手にアメリカが中国の領有権を否定しているかのごとく報じるなか、ＴＢＳは正反対のスタンスで報じた。この朝も「国際法では暗礁を埋め立てても領海と主張できないことになっているんですが、中国は」と解説し、埋め立ての現状を説明。「中国の海の軍事拠点ができるということになると、周辺の軍事バランスが一変してしまうのではと懸念されています」と紹介した。司会の関口が「（中国の主張や行動には）なんか無理があるように思うんですが、無理を続けてますね」と導入。それを岸井がこうぶち壊した。

「私が一番気になっているのは、米軍の作戦継続のなかに、自衛隊の派遣による合同パトロールの検討に入ってるんですよね。これは分かりませんよ。だけども日本や欧州に、あの～う豪州ですかね、オーストラリアに対しても要請するのかもしれませんけど、だけどこれはね、中国がそうなると、アメリカ軍と自衛隊に対する対応って、分けてね、分断するような、そういうしたたかさが中国はあると思うんで、よほど派遣については慎重に考えないといけない」

日本語表現の稚拙さは咎めない。ここでも問題はコメントの中身だ。岸井に問う。牽制すべき対象は安倍政権による自衛隊派遣ではなく、中国による埋め立てや海洋進出の動きではないのか。岸井は批判すべき対象を間違えている。前述のとおり九月十三日放送の同

郵便はがき

| 52円切手を<br>お貼り<br>ください |
|---|

1 0 1 - 0 0 0 3

東京都千代田区一ツ橋2-4-3
光文恒産ビル2F

(株)飛鳥新社　出版部第一編集

『そして誰もマスコミを信じなくなった』
読者カード係行

| | |
|---|---|
| フリガナ<br>ご氏名 | 性別　男・女<br>年齢　　　歳 |
| フリガナ<br>ご住所〒<br>TEL　　　（　　　） | |
| ご職業<br>1.会社員　2.公務員　3.学生　4.自営業　5.教員　6.自由業<br>7.主婦　8.その他（　　　） | |
| お買い上げのショップ名　　所在地 | |

★ご記入いただいた個人情報は、弊社出版物の資料目的以外で使用することはありません。

このたびは飛鳥新社の本をご購入いただきありがとうございます。

今後の出版物の参考にさせていただきますので、以下の質問にお答えください。ご協力よろしくお願いいたします。

■この本を最初に何でお知りになりましたか
1.新聞広告（　　　　　　新聞）　2.雑誌広告（誌名　　　　　　　　）
3.新聞・雑誌の紹介記事を読んで（紙・誌名　　　　　　　　　　　　）
4.TV・ラジオで　5.書店で実物を見て　6.知人にすすめられて
7.その他（　　　　　　　　　　　　　　　　　　　　　　　　　　　）

■この本をお買い求めになった動機は何ですか
1.テーマに興味があったので　2.タイトルに惹かれて
3.装丁・帯に惹かれて　4.著者に惹かれて
5.広告・書評に惹かれて　6.その他（　　　　　　　　　　　　　　）

■本書へのご意見・ご感想をお聞かせください

■いまあなたが興味を持たれているテーマや人物をお教えください

※あなたのご意見・ご感想を新聞・雑誌広告や小社ホームページ上で
1.掲載してもよい　2.掲載しては困る　3.匿名ならよい

ホームページURL http://www.asukashinsha.co.jp

番組でも「集団的自衛権という言葉が悪い」と放言した。その翌週も凄かった。「どう考えても採決は無効ですね」「憲法違反の法律を与党が数の力で押し切った」と明言。こう締めた。

「これが後悔になっちゃいけないなと思うことは、メディアが法制の本質や危険性をちゃんと国民に伝えているのかなと。いまだに政府与党のいうとおり、日本のためだと思い込んでいる人たちがまだまだいるんですよ。この法制ってそうじゃないんですよ。他国のためなんです。紛争を解決するためなんです。それだけ自衛隊のリスクが高まっていく（以下略）」

## 不都合な過去には頬かむり

まだ批判報道が足りないらしい。どこまで批判すれば気が済むのか。新法制は「存立危機事態」の要件を明記した。その後の与野党合意で、例外なく事前の国会承認ともなった。その経緯を無視した独善である。外国語に翻訳不能な暴論である。

もし彼が本気で「自衛隊のリスク」を心配するなら、よりリスクの高い国連ＰＫＯ活動拡大の「本質や危険性をちゃんと国民に」伝えたはずだ。国連PKOが「日本のため」ではなく「他国のため」ないし「紛争を解決するため」であり、「自衛隊のリスクが高まっていく」と訴えたはずである。

だが、岸井は決してそうは言わない。国民が自衛隊PKO派遣を評価しているからである。視聴者に〝受けない〟論点を避け、「集団的自衛権」や「後方支援」だけを咎める。自らは安全な場所にいながら、「危険（リスク）を顧みず」と誓約した「自衛官のリスク」を安倍批判や法制批判で用いる。実に卑怯な論法ではないか。

二〇一五年十月十一日の同番組でも岸井は「平和国家のイメージが損なわれるだけじゃなくて日本自身が紛争当事国になる」「テロのターゲットになるリスクも抱え込む」と視聴者の不安を煽った。百歩譲って、そのリスクがあるとしよう。ならば訊く。リスクは欧米諸国に負担させ、自らはけっして背負わない。そんな卑怯な「平和国家」とやらに価値があるのか。岸井の説く「平和（主義）」は美しくない。不潔である。腐臭《ふしゅう》が漂う。

一九九二年六月九日、国連PKO協力法案が参議院を通過した。自衛隊のPKO派遣はここから始まる。その当時、翌朝の毎日新聞に岸井はこう書いた。

「こうした政治の現状に目をつぶることはできない。不健全なシステムの中で決定される

ＰＫＯ法案は、国民の信頼を得られないばかりか、国際的な理解を得ることもできないだろうということだ」

その後、どうなったか。自衛隊は見事に任務を完遂。ＰＫＯ派遣に対する国民の理解は深まった。国際的にも高い評価を得ている。

そもそも「全国民を代表する選挙された議員」（憲法第四十三条）で組織された国会を通過成立した法案なのに、「国民の信頼を得られない」と明記する感覚を共有できない。岸井の姿勢こそ憲法と民主主義への冒瀆《ぼうとく》ではないのか。

以上の疑問はすべて岸井の安保法案批判に当てはまる。〝ＴＢＳの顔〟がいくら「憲法違反」「採決は無効」と言おうが、事実と歴史が反証となろう。

今後、安倍政権の安保関連政策は（中国と北朝鮮を除き）内外から高い評価を得るに違いない。そうなったら、岸井は何も言わず、きっと口を拭《ぬぐ》う。頰かむりを決め込む。ＰＫＯ派遣について、そうしたように……。

以上、すべてＴＢＳの看板番組である。いま一度、問う。社長は自局の番組を見ているのだろうか。テレビは「政治的に公平」「事実をまげない」「意見が対立している問題については、できるだけ多くの角度から論点を明らかにすること」を求めた放送法を遵守してほしい。月刊『Ｖｏ・ｉｃｅ』二〇一五年十二月号の拙稿でそう求めた（第4章参照）。

同じ疑問を抱いたのは私ひとりではなかった。「私達は、違法な報道を見逃しません。」――こう大書した意見広告が二〇一五年十一月十四日付産経新聞朝刊に掲載された。同年九月十六日の「ＮＥＷＳ23」で、岸井アンカーが「（安保法案の）廃案」を主張した点を指弾《しだん》した全面広告だ。

ただし、岸井の問題発言は右に留まらない。「廃案」どころか、九月六日の「サンデーモーニング」では「潔く成立を断念し一から出直すべき」「これを通すことは容認できない」とドヤ顔で明言した。その他ほぼ毎週、言いたい放題を続けている。

どうせ岸井には馬耳東風《ばじとうふう》であろう。ＮＨＫの「やらせ報道」を巡り、二〇一五年十一月九日の「ＮＥＷＳ23」で「不当な政治介入との指摘は免れない。そもそも放送法っていうのは権力から放送の独立を守るっていうのが趣旨ですから、その趣旨をはき違えないでほしい」とコメント。ＮＨＫではなく、逆に政府与党を批判した。きっと、自身の「重大な違反行為」（意見広告）についても同様のロジックを掲げ、逆ギレするに違いない。後日、そのとおりになった（第6章参照）。岸井の放言、暴言、暴走は留まるところを知らない。

なお、以上を書くに当たり、岸井にインタビューを申し込んだが、許諾を得られなかった。もし実現していれば、以上の諸点について見解を求める所存だったが、叶わなかった。

残念である。

# 第6章

# かくて放送法は蹂躙された

## 古舘MCの最後っ屁

今年（平成二十八年）、古舘伊知郎キャスターがテレビ朝日の看板番組「報道ステーション」を降板した。最後の出演となった三月三十一日の番組で「『いわゆる』がつく。『事実上』をつけなくてはいけない。『みられている』と言わないといけない。（中略）二重三重の言葉の損害保険をかけないといけない」と表現の不自由さを愚痴った。

だが、本当にそうか。古舘ＭＣは「言葉の損害保険」をかけてきただろうか。最近の放送を振り返ってみよう。

三月二十九日の平和安全法制の施行を特集した当夜の番組で「廃案にするものは廃案にすると。それくらいの気構えで国会はやってほしいですね」と明言した。「いわゆる」「事実上」「みられている」といった〝言葉の損害保険〟はかけなかった（第7章参照）。舌の根も乾かぬ二日前の放送にして、かくの如し。

三月十八日は「独ワイマール憲法の〝教訓〟『緊急事態条項』に警鐘」と題し、「将来、緊急事態条項を悪用するような想定外の変な人が出てきた場合、どうなんだろう、ということも考えなければという結論」を掲げて自民党の憲法改正草案を批判。「ワイマール憲法の『国家緊急権』の条文が、ヒトラーに独裁への道を与えてしまった」「ヒトラーの国家緊急権行使を後押ししたのが保守陣営と財界だった」とドイツからリポートした。安倍総理をヒトラーに、自民党をナチスに譬《たと》えた、悪意と敵意に満ちた偏向である。

東日本大震災から五年を迎えた三月十一日の番組では、福島の子供の甲状腺がんの現状を特集した。県の調査結果について「異常に多い」とし、原発事故との「因果関係がないというのは甚《はなは》だ疑問」「因果関係があるんじゃないかという前提で、じっくり探っていくプロセスが必要ではないか」とコメントした。

古舘MCは最終日、「圧力がかかって私が辞めさせられるということは、一切ございません」と明言しつつ、「ただ、この頃は報道番組で、昔よりも開けっぴろげにいろいろな発言ができなくなりつつあるような空気は私も感じています」と付言した。

本当にそう感じていたのか。十分すぎるほど「開けっぴろげにいろいろな発言」を重ねてきたMCの感想とは思えない。続けて、こうも語った。

「この番組のコメンテーターで、政治学者の中島（岳志《たけし》）先生が、こういうことを教えてくれました。『空気を読むという特性が人間にはある。昔の偉い人もいっていた。読むから、一方向にどうしても空気は流れていってしまう。だからこそ、半面で、水を差すという言動や行為が必要だ』。私はそのとおりだ、と感銘を受けました。つるんつるんの無難な言葉で固めた番組など、ちっとも面白くありません。人間がやっているんです。人間は少なからず偏っています。だから情熱をもって番組を作れば、多少は番組は偏るんです」

まさに最後っ屁。悪質な開き直りである。そもそも、以上の偏向が「多少」の偏りと言えるだろうか。古舘MCは二〇一五年十二月の会見でも「偏っていると言われたら、偏ってるんです、私。人間は偏っていない人なんていないんです」と放言した。もはや放送法に対する自爆テロに等しい。

人間が偏るのは自由だが、番組が偏るのは自由でない。放送法に違反する。人間には基本的人権がある。なかでも精神的自由は立憲民主政の過程に不可欠であり、経済的自由より優越的地位を占める（通説判例）。

だが、放送局は法人であって人間ではない。「人権は、個人の権利であるから、その主体は、本来人間でなければならない」（芦部信喜『国家と法Ⅰ』放送大学教材）。人間と法人は違う。もとより人間は少なからず偏っている。だからといって、報道番組の偏向が許される理由にはならない。

## ＴＢＳの逆ギレ、卑怯な開き直り

さらに言えば、「空気と水、これは実にすばらしい表現と言わねばならない」と鋭く指摘したのは山本七平である（『「空気」の研究』文春文庫）。身内の「中島先生」ではなく、「山本先生の古典的名著を読み、改めて感銘を受けた」と本家本元を援用すべきであろう。そうしなかった理由は何か。山本七平が、薄っぺらなリベラルと対極に立つ〝保守〟だったからか。ならば放送法以前の問題として、言論において遵守すべきコード（倫理）を踏み躙《にじ》っている。

だがご本人に、その自覚はない。「私のなかで育ててきた〝報道ステーション魂〟を、後任の方々にぜひ受け継いでいただいて」云々《うんぬん》、生放送で公然と引き継ぎながら「〝しんがり〟を務めさせていただいたかな。そういう、ささやかな自負を持っております」と付言した。なんとも不可解である。もし「報道ステーション魂」が後任者に受け継がれるなら、〝しんがり〟を務めることは叶わない。反対に「しんがりを務めた」なら「報道ステーション魂」は消滅したはずである。最後まで無理難題をおっしゃるＭＣだった。

最後っ屁をかましたのは古舘MCだけではない。NHK「クローズアップ現代」を降板した国谷裕子《くにやひろこ》キャスター最後の放送となった三月十七日の番組は、学生団体「SEALDs」（シールズ）を肯定的に取り上げた（第1章参照）。国谷は、リベラル左派牙城の月刊誌『世界』五月号（岩波書店）に「インタビューという仕事」を寄稿。「日本の社会に特有のインタビューの難しさ、インタビューに対する『風圧』といったものをたびたび経験することになった」と愚痴った。「空気」と同様、「風圧」も反証不可能な表現である。よく言えば文学的だが、けっして知的ではない。

三月二十五日、TBS「NEWS23」を降板した岸井成格《しげただ》アンカーも最後に「報道は極端な見方に偏らず、世の中の常識を基本とする。権力を監視するジャーナリズムを貫くことが重要」と訴えた。「監視」は結構だが、その岸井アンカーが二〇一五年九月十六日の放送で平和安全法制について「メディアとしても廃案に向けて声をずっと上げ続けるべきだ」と明言した。

そこで同年十一月、「放送法遵守を求める視聴者の会」（すぎやまこういち代表呼びかけ人）が意見広告を「産経新聞」と「読売新聞」に掲載。会はその後、岸井ら七名に公開討論も申し入れたが、田原総一朗を除き、拒絶した。岸井は逆に、同会を「低俗だし、品性どころか知性のかけらもない。恥ずかしくないのか」と記者会見で切り捨てた。

ＴＢＳテレビの対応も酷い。同会が四月一日に題したＴＢＳへの公開質問状を受けて四月六日、「弊社スポンサーへの圧力を公言した団体の声明について」と題したプレスリリースを発表した。視聴者の会を「圧力を公言した団体」と敵意を込めて指弾《しだん》し、「表現の自由、ひいては民主主義に対する重大な挑戦であり、看過できない行為であると言わざるを得ません」と逆ギレしたあげく、なんの論拠も示さず「公平・公正な番組作りを行っております。放送法に違反しているとはまったく考えておりません」と開き直った。

安倍政権や平和安全法制は自由勝手に揶揄《やゆ》非難するくせに、自身への批判は無視黙殺する。検証に堪《た》えようとする謙虚な姿勢は微塵《みじん》もない。ＴＢＳに限らない。地上波全国ネット報道番組の公式サイトはいずれも中身はスカスカ。既得権に胡坐《あぐら》をかきながら、批判や検証から逃げている。

活字の世界は違う。書籍なら国会図書館に寄贈され、雑誌も大宅壮一《おおやそういち》文庫がある。だが、テレビの世界には図書館も大宅文庫もない。だから無責任な放言がまかり通ってしまう。安全なホームグラウンドでは「廃案」などと威勢よく叫ぶが、アウェイな場所には出かけない。高給に恵まれながら、交流試合は拒否する。テレビ人の姿勢は高潔や勇敢の対極にある。はっきり言えば卑怯、卑劣、卑屈きわまる。

## 法律なのに法規範でない?

だが、護憲派の認識は違う。四月十三日付「朝日新聞」朝刊は「TBS批判　まっとうな言論活動か」と題した社説を掲載。逆ギレしたTBSのプレスリリースを「妥当な見解である」と擁護し、「とりわけ安保法のように国民の関心が強い問題について、政権の主張と異なる様々な意見や批判を丁寧に報じるのは当然だ」とTBSを全面擁護した。

他方、「この団体は、放送法を一方的に解釈して組織的に働きかけようとしている」と批判し、「見過ごせない圧力である」「まっとうな言論活動とはいえない」など一方的に断罪した。内紛続きの〝保守〟陣営と違い、護憲派の結束は固い。身内に甘く、敵は容赦しない。党派性を剥き出しにして、恥じるところがない。

「一方的に解釈」(朝日社説)というが、ならば放送法はどう解釈されるべきなのか。発火点となった二月八日、衆議院予算委員会における高市早苗総務大臣の答弁から検証しよう。

「民主党政権時代からもそうですけれども、放送法第四条、これは単なる倫理規定ではなく法規範性を持つものである、こういった形で国会答弁をしてこられました」

ところが、前述の岸井ら七名が呼びかけ人となり、《私たちは怒っている——高市総務大臣の「電波停止」発言は憲法及び放送法の精神に反している》と題した以下の抗議声明を公表した。

《（前略）高市大臣が、処分のよりどころとする放送法第4条の規定は、多くのメディア法学者のあいだでは、放送事業者が自らを律する「倫理規定」とするのが通説である》（呼びかけ人・青木理《おさむ》、大谷昭宏、金平茂紀《かねひらしげのり》、岸井成格、田勢康弘、田原総一朗、鳥越俊太郎）

見てのとおり、その後の都知事選で惨敗した鳥越を含め、リベラル護憲派が挙《こぞ》って名前を連ねた。だが、テレビに映る有名人が何といおうが、正しくは高市大臣が答弁したとおり。放送法第四条は単なる倫理規定ではなく法規範性を持つ。民主党政権下の平成二十二年十一月二十六日、参議院総務委員会で平岡秀夫副大臣がこう答弁した。

「放送法第三条の二第一項で規定しているわけでありますけれども、この番組準則については、我々としては法規範性を有するものであるというふうに従来から考えているところであります。／したがいまして、放送事業者が番組準則に違反した場合には、総務大臣は、業務停止命令、今回の新放送法の第百七十四条又は電波法第七十六条に基づく運用停止命令を行うことができるというふうに考えているところであります（以下略）」

略した以下「けれども」と続き、「極めて限定的な状況にのみ行う」「極めて慎重な配慮の下運用すべきもの」とも明言し、これまで運用実績がない経緯も付言したが、結論に変わりはない。つまり「運用停止命令を行うことができる」。そうした「法規範性を有する」。したがって単なる倫理規定ではない。

そもそも法律が法規範性を持つのは当たり前だが、なぜか先の七名には、それが分からない。民主党のリベラルな副大臣が答弁したときにはスルーしたくせに、安倍政権の大臣が答弁すると怒り出す。「憲法及び放送法の精神に反している」のは大臣ではなく、「怒っている」連中のほうである。彼らの存在自体が放送法を踏み躙っている。守るべき自由と法の支配、立憲民主政に反している。

放送行政局長を含め放送行政を十四年にわたり直接担当したあと、総務省事務次官などの要職を歴任した第一任者の解説を借りよう。

「放送は、不特定多数に対し同時に同じ情報を安価に提供可能であり、かつ家庭において容易に受信が可能であるという物理的特性から大きな社会的影響力を有しているとともに、特に無線の放送は、有限希少な国民的資源である電波の一定の帯域を排他的かつ独占的に占有している。したがって、公平及び社会的影響力の観点から公共の福祉に適合することを確保するための規制を受ける」（金澤薫『放送法逐条解説』情報通信振興会）

## 活字とテレビの違いが分からない人々

たとえば、国民保護法第五十条は武力攻撃事態の「警報」放送義務を明記する。気象業務法第十五条（警報）、水防法第十条（洪水予報）、日本赤十字社法第三十四条（救護業務に関する通信）、災害対策基本法第五十七条（警報の伝達のための通信設備の優先利用）も同様の条文を持つ。放送が法的な制約に服することに議論の余地はない。

他方、活字にそうした制約はない。だから英米法（コモンロー）は、新聞その他の自由な活字媒体と、法規制に服する電波媒体（テレビ）を併存させてきた。平成日本の自称ジャーナリストらは、活字と電波の差異を認識していない。その一人、金平茂紀は朝日新聞デジタル（「ハフポスト」収録）のインタビュー記事でこう放言する。

「だれが偏向だと判断するんですか。お上《かみ》ですか、政治家ですか。日々の報道が公正中立かどうかを彼らが判断できるとは思わないし、正解もない。歴史という時間軸も考慮しながら、社会全体で考えていくしかないでしょう。議論があまりにも粗雑過ぎます」(「テレビ報道、強まる同調圧力　金平キャスターが語るいま」聞き手＝豊《ゆたか》秀一《しゅういち》朝日新聞編集委員)

なるほど、誰が何を根拠に判断すべきか、難しい。だからといって、放送法を無視してよいという理屈にはならない。金平の主張こそ粗雑に過ぎよう。議論にすらなっていない。リベラルな憲法学者の指摘を借りよう。

「社会全体としての利益がマスメディアの自由を支えている以上、その利益をよりよく実現するためには、マスメディアが規制を受けるべき局面も生じる」

「ある番組がいかなる視点から編集・制作されているかを判断することが時に困難であるからといって、あからさまに特定の政党に加担した番組のみを放送し続けることが許されるとはいえない」(長谷部恭男《やすお》『テレビの憲法理論』弘文堂)

ぜひ右の指摘にも威勢よく反論してほしい。視聴者の会を批判したように……。どこが粗雑過ぎるのか、教えてほしい。

なぜ、放送の自由が規制され得るのか。電波が有限だからである。最高裁は「サンケイ新聞反論文請求事件」でこう判示した。

「放送事業者は、限られた電波の使用の免許を受けた者であつて、公的な性格を有する」

（昭和六十二年四月二十四日）

　活字と違い、電波は有限である。だから放送法が認める訂正放送は新聞への反論権の根拠とならないと判示した判決である。米連邦最高裁も「周波数帯の希少性」を放送規制の法的根拠としてきた。放送は免許制である。無免許放送は「１年以下の懲役又は１００万円以下の罰金」となる（電波法第百十条）。有限希少な資源である放送電波が、いまテレビ局の独占的な既得権益となっている。

　加えて、テレビ放送は大きな社会的影響力を持つ。放送とは「公衆によって直接受信されることを目的とする電気通信の送信」である（放送法第二条、電波法第五条）。最高裁は公選法百五十条の二の規定について、こう判示した（平成二年四月十七日、いわゆる政見放送削除事件判決）。

「右規定は、テレビジョン放送による政見放送が直接かつ即時に全国の視聴者に到達して強い影響力を有していることにかんがみそのような言動が放送されることによる弊害を防止する目的で政見放送の品位を損なう言動を禁止したものである」

　参院選を巡る事件の判決である。国政選挙の政見放送ですら規制が受忍され得るのは、テレビ放送が「直接かつ即時に全国の視聴者に到達して強い影響力を有している」からである。同じことは平和安全法制の「報道」にも当てはまろう。

日本のテレビ人は、自身の発言が「直接かつ即時に全国の視聴者に到達して強い影響力を有していること」が分かっていない。無責任な放言やウソを重ねて恥じることがない。「無線局の運用の停止」（電波法第七十六条）を視野に入れた議論が起きるのは止むを得ない。彼ら自身が招いた結果である。これ以上の放任は許されない。

## 放送免許規制を撤廃せよ

ただ政府も認めるとおり、第一義的には自主規制によるべきであり、まずは行政指導が望ましい。それが功を奏しない場合、業務の停止（放送法第百七十四条）の前に「その業務に関し資料の提出を求める」（同第百七十五条）べきであろう。あるいは「無線局に関し報告を求める」（電波法第八十一条）のが先決と考える。それでも功を奏しない場合は運用停止を命じることになるが、万策尽きたあとなら、それも止むを得ない。それはおかしいと言うなら、大臣答弁ではなく、放送法および電波法の根拠規定自体を批判すべきである。

なお、以上はアナログ時代の古い議論とも評し得る。デジタル時代の今日、電波の「有限」性は再考されるべきではないだろうか。

お叱りを承知で言えば、放送免許に関する規制を撤廃（ないし大幅緩和）すべきと考える。同時に「放送の不偏不党」や「政治的に公平であること」を求めた放送法の規定も撤廃する。自由に番組を編成制作させる。たとえばアメリカ合衆国のように。

必ずしも暴論ではない。なぜなら電波監理委員会規則「放送局の開設の根本的基準」は「放送をすることができる機会をできるだけ多くの者に対し確保することにより、放送による表現の自由ができるだけ多くの者によって享有されるようにする」と定めた（第九条、放送の普及）。昭和二十五年制定の規則だが、デジタル時代のいま、改めて原点に立ち返るべきではないだろうか。

要するに、規制緩和による既得権益の打破である。たとえば〝ホリエモン〟のような新規参入を認める。自由市場とし、市場原理を働かせる。そうできれば、平和安全法制で徴兵制になるといった類《たぐい》の「報道」は自然に淘汰されていく。

異論反論はあり得よう。だが、公開討論を拒絶した連中に発言権はない。みな筆とマイクを折り、メディアから退場すべきである。つねに安全な場所に身を置きながら、いくら威勢よく吠えても、すべて空しい。テレビに映る彼らの姿は卑《いや》しく、はしたない。

# 第7章 ウソが栄えりゃ、国が亡びる

## (1)「防大生任官拒否」の真実

### NHKニュースの印象操作はいまも続く

今年（平成二十八年）三月二十一日、防衛大学校（神奈川県横須賀市）の卒業式が実施された。幹部自衛官への任官を辞退する学生は今回、四十七名となり、昨年と比べて倍増した。卒業生の一割を超えている。「この数は、防衛大学校の一期生が卒業した昭和三十二年からのおよそ六十年で四番目に多く、辞退する学生が卒業生の一〇％を超えたのは、バブル経済の好景気のもと、民間企業に人気が集まり、初めての海外派遣として湾岸戦争後のペルシャ湾に掃海艇が派遣された年に当たる二十五年前の平成三年以来」となる（同日、NHKニュース報道）。

この日、NHKは続けて、こうも報じた。

《卒業した学生は、東日本大震災の一年後の平成二十四年四月に入校した若者たちで、在校中の去年九月、憲法解釈を変更して集団的自衛権の行使を可能にする安全保障関連法が成立しました。今年の任官辞退について防衛大学校は、「例年に比べ、民間企業への就職を希望する学生が多かった」としていて、安全保障関連法が理由だと話す学生は確認していないとしています。防衛大学校では、安全保障関連法が成立してから初めての卒業式となりました。法律が来週施行されるのを前に、卒業生の親からはさまざまな声が聞かれました》

なんとも巧妙な報道ではないか。放送法違反との批判を浴びることのないよう防衛省が発表した数字や事実関係を伝えながら、同時に「安全保障関連法が成立」した経緯との関連性を強く匂わせている。上記のとおり「初めての海外派遣として湾岸戦争後のペルシャ湾に掃海艇が派遣された年」以来と報じ、ニュースの最後を「身の危険は親として心配です」「世の中がずっと平和であることを願っています」と語る卒業生の母親のコメントで締めた。

これでは、あたかも「安全保障関連法が成立」し「法律が来週施行される」から、任官辞退者が倍増した、かのように見える。平和安全法制（いわゆる安保法制）による海外派遣などに伴うリスクを、学生が恐れて任官を辞退した。そうした印象を視聴者は抱く。

はたして、それは真実（かつ公正な報道）なのだろうか。翌日の防衛大臣会見で以下の質疑応答が交わされた（防衛省公式サイト）。

「Ｑ：安保法施行が迫っていて、それとの関連性についてはどう思われますか。

Ａ：任官の辞退者から聞き取りを致しまして、その理由について全員から聴取をした結果、平和安全法制の成立に言及した者はいなかったと聞いております。また、平和安全法制の成立によりまして、任官辞退が増えたという御指摘は当たらないと考えております」

私の知る限り、大臣の答弁にウソはない。ただし「それはタテマエに過ぎない。辞退者が公式な聴取に対してホンネを話したはずがない」との異論や疑問はあり得よう。

ならば、実態はどうなのか。《「任官拒否」が倍増の47人　卒業生の1割》――卒業式翌朝付「毎日新聞」は社会面のトップ記事で、そう報じた。

## 毎日新聞が報じた任官辞退の理由とは

彼ら彼女らは、なぜ任官を辞退したのか。その「内訳は、民間企業などへの就職26人▽身体的な理由11人▽大学院など進学6人▽その他4人」。続けて記事はこう報じた。「安全保障関連法施行で、自衛隊は他国軍の後方支援など任務の幅が広がり、リスクも高まるが、安保関連法を理由にした任官拒否者はいなかったという」。それは〝大本営発表〟に過ぎないとの異論や疑問もあり得よう。だが、そうではない。証拠を挙げよう。

この日の毎日社会面は「民間挑戦の男子　安保法論じぬ硬直性に違和感」と題し、任官を辞退した男子学生へのインタビュー記事も掲載した。以下が辞退の理由である。

《男子学生は安全保障関連法が理由で任官拒否したわけではないが、その国会審議を機に組織への違和感が募った。（中略）校内で議論はほとんどなく、学校側から法の説明はなかった。「自分たちの将来に関係することなのに議論する雰囲気がない。まるで思考停止のようだ」。安保関連法を機に改めてみえた組織の硬直性。違和感が増した》

見てのとおり〝大本営発表〟とは違う。記事によると、指導教官らは「就活で絶対に失敗する」「任官して二、三年したあとでも民間に行ける」などと「説得」。学生は「安保関連法で任官拒否が増えたと批判を浴びたくないのか、学校側は昨年より必死に食い止めようとしている」と感じたらしい。学生の告白に虚偽は感じられない。記事はこうも明記した。

《自分の任官拒否の理由は安保関連法による自衛官の危険の増大ではない。周りでも聞いたこともない。「景気が良く民間に挑戦しやすいのが一つの要因」だ》

私の作り話ではない。平和安全法制を厳しく批判してきた毎日新聞の報道である。それも、任官辞退を「任官拒否」と呼ぶ社会面の記事である。その毎日が「周りでも聞いたこともない」と明記した。もはや、これ以上の論拠は要るまい。NHK以下マスコミがどう報じようが、真実は一つ。「安保関連法による自衛官の危険の増大」と、任官辞退者倍増との間に因果関係はない。あえて安倍政権との因果関係を挙げるなら、新法制ではなくアベノミクスとなろう。学生が率直に明かしたとおり「景気が良く民間に挑戦しやすい」から辞退者が増えた。それが真実に近い。

この際、改めて指摘しておきたい。平和安全法制が施行されても、徴兵制となる蓋然性《がいぜんせい》はない。なぜなら、現役自衛官が退職しないからである。現に、法制を理由とした防衛大学校生の「任官拒否」は起きていない。この二年間の護憲派マスコミ報道はまったくの虚偽であり、完全な捏造《ねつぞう》である。先のNHKも例外でない。「憲法解釈を変更して集団的自衛権の行使を可能にする安全保障関連法」と報じたが、それは公正でない。世界一厳しい要件下、「限定的な行使」が認められるようになった。それだけに過ぎない。公共放送ですら、いまもこの調子なのだ。他の護憲派メディアは推して知るべし。

## 保守陣営にも無理解が

他方で、保守系メディアにも一言申し上げたい。理由の如何《いかん》を問わず、辞退者が倍増したことは事実であり、一定の意味を持つ。なのに、なぜ報道しないのか。不都合な現実を、見て見ぬ振りをするかのような姿勢は妥当でない。

さらに言えば、一部保守陣営が「任官拒否」者を揶揄誹謗《やゆひぼう》する姿は見るに堪えない。なかには「厳しい訓練についていけずドロップアウトした」と断罪した者もいるが、まったく違う。そうしたケースは入学前から発生する。まず「着拒」（着校拒否）。すなわち防衛大学校の入試に合格し、入校予定だったが、ドタキャンするケース。次が、第一年時のＧＷや夏休み。休暇明けに実家から戻らないケースである。そして陸海空や学科の進路が決まる春に第三のピークを迎える。今回報道された「一割」には、以上の数がカウントされていない。その割合は「任官拒否」より大きく、例年百名に迫る（つまり二割以上）。

加えて「隠れ任官拒否」と呼ばれるケースもある。いったん防大を卒業して任官するが、陸海空の幹部候補生に「着拒」する。つまり入校しない。あるいは、いったん入校したあと、早期に退職を申し出る。そうしたケースを分子に加えれば、その割合は無視できない。入校予定者数を分母とし、以上すべてを分子で割れば、四〜五割（半数）に迫る。しかも二〇一七年の割合は二〇一六年を上回る可能性が高いと聞く。

政府もマスコミも保守陣営も、以上を直視すべきではないだろうか。「税金泥棒」といった辞退者への差別的な言動や認識も、この際、社会全体で改めてほしい。同時に学校側も、辞退者を卒業式に参加させないなどの措置を再検討すべきと考える。

案外知られていないが、たとえば外務省やマスコミなど、様々な職場で任官辞退者はいまも活躍している。近年の防衛省・自衛隊に対する理解の増進に、彼らが与えた貢献はけっして小さくない。

任官を辞退した卒業生が、たとえばＮＨＫで多数、活躍するようになれば、いずれ公共放送の誤解も解け、色眼鏡の報道も消えていくであろう。

諸外国の士官学校を見ても、全卒業生が軍隊に進むわけではない。極端な例を挙げれば、フランス国防省理工科学校で「最も人気がないのは職業軍人としてのキャリアで、ポストは多く用意されているのにもかかわらず、年に二、三名がこれを選ぶのみである」（八幡和郎『フランス式エリート育成法』中公新書）。つまり、大半が任官しない。

## 旧軍の士官学校と戦後の防大との決定的な落差

かつて民主党政権は「防衛大学校卒業生について償還金の制度を導入」し、「教育訓練の目的を達することなく離職する者については、授業料等を支払って大学を卒業した者との負担の公平の観点から、大学の授業料等を勘案した金額を国に償還させる」（平成二十四年三月九日、政府答弁書四十五号）法整備を図ろうとしたが、美しくない。それこそ「経済的徴兵制」との非難が当てはまる。裕福な家庭の子弟なら任官を辞退できるが、貧乏なら……。それが事実の一側面となり得よう。

今度は保守政権らしく正々堂々と王道を歩もう。民間企業より自衛隊のほうが物心両面で魅力的になれば、問題は雲散霧消《うんさんむしょう》する。そうなるべく予算や努力を傾注すべきだ。

ちなみに戦前の陸軍士官学校や海軍兵学校も学費は不要であった。加えて毎月、四～五円の「手当」が支給された。戦後の防大と異なり、旧軍の学校では、原則として受験資格で学歴を問われなかった。それゆえ、経済的事情から中学に進学できなかった男子でも、苦学独学すれば、陸士、海兵に入学できた。

陸士や海兵に入学したのは、貧しい家庭の庶民だけではない。明治六年（一八七三年）の太政官達《だじょうかんたつし》により「皇族自今《じこん》海陸軍に従事すべく」と指示されて以後、終戦までの間、陸軍に十八名、海軍に七名、計二十五名の皇族が配属された。昭和天皇の弟宮の秩父宮と三笠宮が陸軍に、高松宮が海軍に配属されている。（日本が併合した）朝鮮王侯族からも陸軍に配属された。同様に、華族も「成《な》るべく陸海軍に従事」すべしとされた。

言うまでもなく、戦後の防大に入学した皇族は男女問わず、一人もいない。戦前の陸士・海兵と、戦後の防大との、決定的な違いがここにある。

いま大切なことは、政府が平和安全法制の意義を改めて内外に訴えることだ。法律の施行を決めた二〇一六年三月二十二日の閣議では、国連のＰＫＯ活動で司令官の派遣が可能になることに伴う自衛隊法施行令の改正も決定した。この「司令官」には幹部自衛官が就く。その大半が防大卒業生となろう。その防大で「議論はほとんどなく、学校側から法の説明はなかった」（前掲毎日）のなら、問題の根は深い。本当に「議論する雰囲気がない。まるで思考停止のようだ」（同前）とすれば、日本の前途は暗い。幹部自衛官とは、自ら判断、決心し、命令する指揮官たるべき者である。その卵ともいうべき防大生が「思考停止」に陥るなど、あってはならない。

本質的な問題は、わが国に「健軍の本義」がないことに尽きる。そもそも「陸海空軍その他の戦力は、これを保持しない」（憲法第九条）ことになっている。したがって日本に軍人はいない（ことになっている）。それなのに今後、たとえば国連ＰＫＯで日本人の司令官が外国人の士官や下士官、兵らを指揮（指図ないし統制）する。すでに多国籍軍の司令官に幹部自衛官が就いた。

では、彼ら日本人司令官は軍人なのか。そもそも自衛隊は軍隊なのか。今後ますます複雑怪奇な議論となろう。このまま、なし崩し的な対応を続けるのは美しくない。問題を先送りする姑息《こそく》な態度は、いずれ現場の士気を挫《くじ》く。

## 米海軍士官は大義のために死す

《卒業生諸君。どうか、諸君には、日本国民を守る「百錬《ひゃくれん》の鉄」となってもらいたい》

――安倍晋三総理は今年の防大卒業式で、自ら「自衛隊最高指揮官」と称し、そう訓示した。例年になく完成度の高い訓示だったが、今年も憲法との矛盾が語られることはなかった。しかも上記のとおり「日本国民を守る」自衛隊とされた。世界標準では、あり得ない。

「国民を守る」のは警察や消防、海上保安庁の役割である。軍隊の本来任務ではない。軍隊が守るのは、国民ではなく国家（の主権や独立、至高の価値）。だから軍人の職務は尊い。世界中の士官学校や海軍兵学校で、そう教育している。

一例として米海軍兵学校（アナポリス）を挙げよう。チャペル（教会堂）の入り口には、こう記されている。

「NON SIBI SED PATRIAE（NOT FOR SELF BUT FOR COUNTRY）」

このチャペルで、毎年多数の卒業生が結婚式を挙げる。（海上自衛隊の創設にかかわった）バーク提督の葬儀は、ここで行われた。アナポリスの学生は（生命より高次な価値である）国家共同体への奉仕を説くこのチャペルで神に祈りを捧げる。キャンパスの一角には、殉職した卒業生を記念するメモリアル・ホールもある。ホールの壁には同校創設以来の戦死者の名前とともに、こう刻まれている。

「DEDICATED TO THOSE ALUMNI WHO WERE KILLED DURING THE WARS DEFENDING THE IDEALS OF THEIR COUNTRY」

卒業生は、何のために危険を顧みず職務を遂行するのか。その答えが刻まれている。海軍士官は、国民を守るために死んだのではない。それより高次の尊い理想を守るために召天した。そう壁に刻まれている。これこそ世界標準の理解である。

さて「平和憲法」を戴《いただ》く日本はどうか。

今年、卒業し任官した自衛官は何から、何を守っているのか。なぜ武器を手にし、誰かを殺害することが許されるのか。そもそも何のために命を懸けるのか。その根本から避け続ける限り、どんなに美しい訓示も、私の耳には、空しく響く。

平和安全法制の施行を機会に、憲法九条と自衛隊という戦後日本の根本的な矛盾を直視したうえで、正面から堂々と九条の改正に向け、議論すべきではないだろうか。今年、任官した卒業生も、辞退した卒業生も、卒業を待たず退職した者も、みな、そう願っているのではないか。彼ら彼女らを見守る一人の父兄として、そう思う。

## ⑵徴兵制があり得ない本当の理由

### 志願者は減っていない

平和安全法制（いわゆる安保法制）を巡り、繰り返し「徴兵制への不安」が語られた。護憲派メディアが、テレビや新聞で繰り返し、そう「報道」した。国会でも、民主や維新、共産、社民らが「徴兵制」を語った。反語表現を含めれば、自民や公明も例外でない。

そのたび自衛官は不快な思いを強《し》いられてきた。われわれＯＢも例外でない。大多数の自衛官とＯＢのプライドは深く傷ついた。

この国で徴兵制など起こり得ない。理由は単純明快。自衛官が退職しないから。話はそれに尽きる。自衛官が辞めない以上、そもそも徴兵する必要がない。

ところが護憲派はそう考えない。いまもこう「不安」を煽る。

「戦争法案で自衛隊員のリスクが増す→隊員が退職する→実員が足りなくなる→徴兵制になる」

すべて間違いである。平和安全法制下、最もリスクが増すのは国連PKO参加だが、世界で誰もその「平和維持活動」を「戦争」とは呼ばない。例外は日本の護憲派だけ。たとえリスクが増しても自衛官は退職しない。全員、「事に臨んでは危険を顧みず、身をもって責務の完遂に務め、もって国民の負託にこたえる」と宣誓している。そこが他の職業とは違う。そのプライドを大なり小なり胸に秘めている。

初めてのカンボディアPKO派遣がそうだった。みな「退職」どころか「派遣」を希望した。当時現役だった私を含め、希望者が殺到した。その後の民主党政権が、紛争地の南スーダンへ派遣した際も、現場は粛々と政治の決定に服した。官邸から「暴力装置」と呼ばれ、防衛副大臣から不当な言論統制を受けたにもかかわらず。

それが今度だけは別なのか。今度こそ自衛官は退職するというなら、その論拠を示せ。それができない以上、護憲派が煽る不安は捏造《ねつぞう》である。自作自演の杞憂《きゆう》に過ぎない。

一般に軍隊への徴兵制は志願制を維持できない場合に導入される。他方、日本は志願制の自衛隊。ゆえに今後もし徴兵制の必要が生じるなら、それは自衛官を志願する学生や生徒が激減する事態に限られる。誰も未来を正確に予測することはできないから、未来永劫《みらいえいごう》その可能性がないとは断言できない。

だが、こうは言える。来年はそうならない。再来年も、たぶんそれ以降も当面は大丈夫であろう。論拠は最新、すなわち昨年度（つまり「集団的自衛権容認」の閣議決定を受けて以降）の自衛官の応募状況（最新版「防衛白書」）。防衛大学校（前期一般・文系）の倍率は九十三・八倍。文系女子に限れば、なんと百五十八・一倍。防大が女子高生にとって高嶺《たかね》の花であるのと同様、一般大学生にとっても入隊の門は狭い。

たとえば空自一般幹部候補生の倍率は四十六・四倍。ちなみに高卒コースの一般曹候補生は七倍。自衛官候補生も三・八倍である。どのコースも不合格者のほうが三倍以上も多い。徴兵制の気配など微塵《みじん》もない。護憲派の報道はすべて虚報や捏造である。

## 兵役（自衛隊）は「苦役」なのか？

政府与党は以上の説明に留めるべきであった（と思う）。だが残念ながら、安倍晋三総理以下みな余計な釈明を加えた。現場の神経を逆撫でた言葉は「苦役《くえき》」。政府与党の要人はみな、国会やテレビ番組で「徴兵制は憲法十八条が禁じる『意に反する苦役』に当たる（から憲法違反なので導入されない）」と繰り返し明言した。

ならば、自衛官の任務は「苦役」ということになってしまう。隊員は志願して入隊したので「意に反する苦役」ではないが、徴兵の場合は、憲法が禁じる「意に反する苦役」となるらしい。以上の政府解釈に納得した自衛官やOBを私は一人も知らない。元陸幕長や元海幕長らが異論を語ったとおり、現場は呆れ果てている。自称「最高指揮官」（安倍総理）が白昼堂々、兵役を「苦役」と明言する国は世界中、日本だけである。

仮に政府の憲法解釈（徴兵制違憲論）が正しいのなら、裁判員制度も違憲であろう。多くの裁判員経験者が精神的苦痛を感じ、退任後も苦しむ。これぞ「苦役」。しかも国民は就任を拒否できない。まさに「意に反する苦役」として違憲ではないのか。

徴兵制で政府与党はこうも説明した。廃止は世界の趨勢《すうせい》であり、近代戦では不要であると。本当にそうか。たとえばフランス。たった一日限りの単なるビデオ講習会に過ぎないとはいえ、十六歳から十八歳までのフランス国民に防衛準備招集が義務化されている。二〇一六年にパリで起きたテロ事件を受け、フランスでは徴兵復活論が勢いを増している。欧米各国とも、必要があれば、徴兵制を復活できる。それを違憲と解釈する国などない。

徴兵は必ずしも時代遅れとは言えない。たとえば陸軍の歩兵（陸上自衛隊の普通科）として新兵が果たす軍事的な意義や役割を否定できない。中高年の場合でも、専門的な知識や経験を活かせる職域は陸海空とも少なくない。「平和憲法」を錦《にしき》の御旗《みはた》に掲げて徴兵制を全否定する政府や「保守」陣営の論法には疑問が残る。

お叱り覚悟で問題提起しよう。なぜ徴兵は許されないのか。私は違憲とも、絶対に不要とも思わない。英語で「（美）徳」を意味する「virtue」の語源は、男（らしさ）や英雄、兵士などを意味するラテン語「vir」に由来する。自分の生命より高次な価値を守るため命を懸けるのが「vir」であり、古くから人類はその献身に「徳」を見出してきた。戦後日本人を除いて……。

もし護憲派が本気で徴兵制の芽を潰したいのなら、防衛費の増額と防衛力の強化を訴えるべきだ。効果的な破壊力を持つ兵器をより多く持てば、それだけ徴兵の必要は減る。同様に、自衛隊の募集や広報に協力し、自衛官の待遇改善を訴えるべきだ。自衛隊の人気がより高まれば、それだけ徴兵の必要は減る。

だが彼らは、けっしてそうは言わない。逆に「軍拡は周辺国の摩擦を招く」と批判する。募集環境の改善に向けた防衛省の努力を「経済的徴兵制」と揶揄誹謗する。戦闘服を着た自衛官が街中でパレードすれば大騒ぎ。愛国心や防衛意識の高揚策をすべて批判する。これでは将来やむをえず外国の侵略と戦うとき、徴兵制以外には選択肢がなくなってしまう

（八幡和郎『誤解だらけの平和国家・日本』イースト新書参照）。

## 「平和憲法」こそ「徴兵制への不安」を生む元凶

しかも護憲派は「徴兵制への不安」を平和安全法制の議論で煽った。いまも朝日新聞以下、みな「集団的自衛権」と「後方支援」のリスクだけを語っている。バカも休み休み言え。当たり前だが、「後方支援」より最前線で戦うほうが危ない。一方、自衛隊は来年も、対「イスラム国」作戦の最前線では戦わない。同様に、集団的自衛権より個別的自衛権のほうが危ない。つまり今回の法整備と徴兵制の議論は無関係である。

護憲派は誤解しているが、集団的自衛権より個別的自衛権のほうが徴兵の必要は高くなる。たとえば《離島を制圧され、奪還作戦は失敗。本土も一部奪われた。すでに動ける自衛官は半数以下。このままでは日本が日本でなくなってしまう》……といった最悪の局面に至れば、徴兵もあり得るかもしれない。私はその必要を全否定しない。それが違憲とも考えない。だが現実には、そこまでして戦い抜くことにはなるまい。この国は上から下までパシフィズム（反戦平和主義）に染まっている。自虐的に言えば、それこそ「徴兵制が本当にありえない理由」とも言えよう。

いずれにせよ、上記事態は自衛隊創立以来、可能性としてはあった。いまに始まったリスクや想定ではない。つまり今回の法整備とは関係ない。

あえて言えば、消耗戦のような本土決戦にならないよう、日米同盟と抑止力を強化すべきであり、今回の法整備は多少なりとも、それに資する。つまり「徴兵制への不安」は法整備で多少、減った。

「徴兵制への不安」を語る護憲派に、論理的整合性は微塵もない。前述のとおり将来、「徴兵」の必要が生じるのは自衛隊の志願制が破綻《はたん》した場合に限られる。あえてポレミック（論争的）に言えば、アベノミクスが大成功すれば、その要因となり得よう。「戦争法案可決」より桁違《けたちが》いに可能性は高まる。ちなみに戦後日本の経済指標と入隊志願者の増減には明白な相関が認められる。要するに、景気が良くなると公務員の人気は下がる、自衛隊も含め……。

景気が回復しても、自衛官の募集環境が悪化しないよう、国家的な対策が必要である。志願制を維持できるよう、官民挙げて様々な努力を今後とも重ねていくべきだ。

徴兵の芽を潰す最も効果的な方法は、憲法を改正し、自衛隊を軍隊とすることである。

軍人に相応《ふさわ》しい名誉を与え、勲章も授与する。軍のトップは親任官とする。国民挙げて陸海空軍に感謝する。全国津々浦々《つつうらうら》の学校で国防の意義を教育する。……等々が実現できるなら「徴兵制への不安」は雲散霧消《うんさんむしょう》する。別に徴兵せずとも、国家が危機に陥れば、志願者が殺到するからだ。日本以外の先進国は、そうなっている。日本の「平和憲法」こそ「徴兵制への不安」を生む諸悪の根源である。

## (3)熊本震災とオスプレイ

### 共産党の声だけを報じた朝日新聞

二〇一六年四月十九日付「朝日新聞」朝刊総合面に「被災地にオスプレイ　米軍が派遣、国内初の災害対応　熊本地震」と題した記事が掲載された。記事はこう書き出す。

「米軍の新型輸送機オスプレイが18日、熊本地震の被災地へ物資輸送を始めた。オスプレイが日本の災害対応に使われるのは初めてだ。今回の救援活動に必要なのか。安全面に問題はないのか。疑問の声が出ているが、日本政府と米軍は、オスプレイの災害派遣での実績づくりを急いだ」

見てのとおり、オスプレイの投入に否定的な脈絡から「疑問」を呈している。震災の最中、救援に当たる日米両政府を批判した記事だ。

実は朝日の公式サイトに、上記と同じ記事が別途、掲載されている。上記は「4月19日05時00分」に同日付朝刊記事がアップされたものだが、別途、朝日新聞デジタルの記事として、前日の20時58分に同じ記事がアップされている。

後者のタイトルは「米軍オスプレイ、初の災害対応　実績づくりに疑問の声も」。見出しは、こちらのほうが内容に忠実である。以下検証するとおり、記事は「初の災害対応」を「実績づくり」と断じ、「疑問の声」だけを報じた。ちなみに、後者には「米軍の新型輸送機オスプレイが救援物資を載せ、熊本・南阿蘇村へ飛んだ」際の動画もアップされている。間違いなくＰＶ（閲覧回数）に貢献したであろう。溜め息を禁じ得ない。

記事は「必要性、疑問の声」の中見出しを掲げ、こう疑問を呈した。

「自衛隊にも約60人乗りの大型輸送ヘリＣＨ47が約70機ある。約30人乗りの米軍オスプレイがさらに必要なのか。疑問の声が上がる」

私は朝日記事のほうに疑問の声を上げたい。なるほど輸送兵員数はＣＨ47がまさる。他方、ＣＨ47Ｊの巡航速度は二百六十キロ／毎時だが、オスプレイは四百九十キロ／毎時と倍近く、航続距離も数倍長い（オスプレイは空中給油も可能）。またオスプレイは海上自衛隊のヘリコプター搭載護衛艦（ＤＤＨ）での運用にも適しており、実際「ひゅうが」型護衛艦（ＤＤＨ）での運用が予定されている。

政府の公式見解を借りよう。「中期防衛力整備計画（平成26年度～平成30年度）」（平成二十五年十二月十七日、国家安全保障会議および閣議決定）はこう明記した。

「輸送ヘリコプター（ＣＨ47ＪＡ）の輸送能力を巡航速度や航続距離等の観点から補完・強化し得るティルト・ローター機を新たに導入する」

この「ティルト・ローター機」こそ、オスプレイである。中期防が明記したとおり、オスプレイはＣＨ47を「補完・強化し得る」。だから、自衛隊が導入する。なぜいま、「米軍オスプレイがさらに必要なのか」（朝日記事）。朝日が本気で「疑問」に感じているなら、先ず中期防から勉強してほしい。さらに朝日記事はこう続く。

《「オスプレイに対する国民の恐怖感をなくすために慣れてもらおうということで、こういう機会を利用しているとすれば、けしからんことだ」。共産党の小池晃《あきら》書記局長は18日、朝日新聞の取材に語った》

これ以外、記事が報じた「疑問の声」はない。もし被災者が落下事故を恐れているなら、報じる意義もあろう。だが、そうした声は聞かない。反対に感謝の声なら、ネット上に溢れている。それでも朝日は被災者ではなく、日本共産党書記局長を「取材」した。

それだけではない。「政治的な効果」の見出しを掲げ、「安倍晋三首相」の「方針転換」を揶揄し、「防衛省関係者」の「説明」として「米軍オスプレイの支援は必ずしも必要ではないが、政治的な効果が期待できるからだ」と報じた。どこの誰か知らないが、オスプレイがCH47を「補完・強化し得る」事実をご存知ないなら、もぐりであろう。さらに記事はこう続く。

「米軍普天間飛行場のオスプレイには、騒音被害や事故への懸念が絶えない。自衛隊が陸自オスプレイ17機を佐賀空港（佐賀市）に配備する計画も、地元の反対で進んでいない。／しかし、今回オスプレイを十分に活用できれば、その安全性や性能を広く知らせる機会となりうる」

明らかに読者と世論を誘導している。救援目的ではなく、「政治的な効果」を狙ったオスプレイ投入との印象を読者は抱く。暗澹《あんたん》たる思いを禁じ得ない。「オスプレイには騒音被害や事故への懸念が絶えない」というが、それは朝日らが自ら喧伝《けんでん》してきた「懸念」に過ぎない。私がテレビや雑誌で指摘してきたとおり、他の機種と比べ、特段に危険な航空機ではない。騒音もむしろ小さい。

念のため付言するが、私は御用学者ではない。事実、「政府は安全神話を語るべきでない」と最初にマスメディアで苦言を呈したのは、他ならぬ私である。原発同様、オスプレイも「一〇〇％安全」とは言えない。そもそもこの世に、ゼロリスクなどあり得ない。残念ながら、いずれオスプレイも事故を起こす。熊本で起きるかもしれない。だとしても、その可能性は非常に低い。

他方、オスプレイの救援活動で人命が救われたり、被災者の健康が保たれたりする蓋然性《がいぜんせい》はきわめて高い。事実そうなった。独善的なイデオロギーを排して客観的・学術的に、確率を踏まえたリスク評価をしてみよう。オスプレイ投入で得られる利得は、投入に伴う損失（リスク）より桁違いに大きい。誰がどう計算してもそうなる。

朝日新聞は頭が悪いのか。それともパシフィズム（反戦平和主義）に染まっているのか。どちらにしても度し難い。いったい誰のため、何のために書いた記事なのか。頼むから、これ以上、現場の足を引っ張るのは止めてほしい。

# ⑷安保法施行で戦争？　もう「護憲派」狂騒曲は聞き飽きた

## 安保法制で先制攻撃が可能に？

二〇一六年三月二十九日、平和安全法制（いわゆる安保法制）が施行された。当夜、民放地上波各局はどう報じたか。

驚いたのが「報道ステーション」（テレビ朝日）である。新法制施行により（法律の要件下）「先制攻撃も可能となります」（ＶＴＲ）と導入した。視聴者の不安を煽る算段であろうが、最初から間違っている。卑近な例で恐縮だが、月刊『正論』五月号の特集は「先制攻撃を可能にする」。若手国際法学者の五十嵐宙《ひろし》（青山学院大学）と私が寄稿した。五十嵐と私は国連憲章の解釈を異にするが、彼も新法制の施行で「先制攻撃も可能となる」とは考えていまい。もし「可能となる」なら、「可能にする」と謳《うた》う前記特集は成立しない。

先制攻撃が可能か否かは国際法上の議論であり、（国連憲章上、旧敵国条項の適用を受ける）日本の法改正で左右される問題ではない。右特集は図らずも分かりやすい証左となった。

要するに、報ステは嘘八百である。拉致被害者の救出すらできないショボい法制なのに、先制攻撃など許されるはずがない。蛇足《だそく》ながら三月二十九日付朝刊一面トップで「集団的自衛権容認、専守防衛の転換」と大書した朝日新聞も虚報である。残念ながら「専守防衛」に変わりはない。そう何度も国会で答弁された。

安倍政権は法制施行後も当面（リスクが高まる）新たな任務を自衛隊に付与しない方針を示している。この点について、報道ステーションの古舘伊知郎ＭＣがこう語った。

「選挙があるからこそ一旦控えてだ、と思うんです」

もし、南スーダンの国連ＰＫＯで派遣された部隊に犠牲者が出れば、夏の参院選（や同日選）で与党は不利になる。「ほら、見たことか」式の批判を浴び、与党は大敗するかもしれない。だから秋まで新任務を付与しない。マスコミはそう合唱する。

だが政府の認識は違う。施行当日、中谷元《げん》防衛大臣が「新たな任務を隊員が安全に遂行するために、いま、慎重に各種準備作業を行ったうえで、必要な教育訓練をこれからやっていきたい」と会見した。安倍総理も今春、防衛大学校の卒業式でこう訓示した。

《いかなる任務も、必要十分なる訓練と、万全の備えなくして、成功を収めることはできません。もとより、精神論だけで達成できるほど、「現場」での任務は、生易しいものではありません。今月施行される平和安全法制に基づく、新しい任務においても、「現場」の隊員たちが、安全を確保しながら適切に実施できるよう、あらゆる場面を想定して、周到に準備しなければなりません》

選挙の有無にかかわらず、つねに周到な準備が必要である。古舘MCの嫌いな「行け行けドンドン」であれ、大好きな「護憲平和主義」であれ、どちらも〝精神論〟はアダとなる。独善や思い込みは誤報を生む。

さらに、自称「現役自衛官」が覆面でVTR出演し、「海外に行った時に武器を使用できるのが（法制の）問題」「（その結果）狙われる可能性高まる」「戦争に巻き込まれてしまう」「（だから）撃たれた時の救護の訓練もしている。（訓練で）防弾チョッキも着るようになってきた」「実戦を考えた訓練もしている」「市街戦もあるということで立って撃つ訓練も（始まった）」「（もし本当に）撃ったら（自分に刑事）責任が（問われる）」等々のリスクを言い募り、不安を煽った。

この人物は本当に「現役自衛官」なのだろうか。そこから怪しい。報ステは二年前にも同様の手口で視聴者を煽動した。

死傷者が出る恐れがある→自衛官が大量に退職する→定員割れする→徴兵制になる。それが朝日の論法だ。事実、二〇一四年七月一日放送の報道ステーションで、恵村《えむら》順一郎コメンテーター（朝日新聞論説委員）が「集団的自衛権の本質は他国の戦争に参加するということですから、自衛隊員が殺す、殺されるという可能性は格段に高まるわけですね」と解説。加えて「五十代の陸上自衛隊幹部」が匿名を条件に取材に応じたとして音声で登場。こう放送された。

《もう「辞めたい」という人が出ている　隊員募集に最も影響を与えますね　人が集まらないということになると　次は〝徴兵制〟ですよね》（番組テロップ）

## 懲りない報ステの最後っ屁

本物の「陸上自衛隊幹部」なら、ウソをついたとしか考えられない。風が吹けば、桶屋が儲かる。落語のオチなら笑えるが、集団的自衛権で徴兵制になるなど、笑い話にもならない。はっきり言えば、自衛官に対する侮辱である。およそ現役幹部とは思えない俗悪な認識である。現に、この放送から二年近く経つが、自衛官の大量退職など起きていない。

いまも自衛官が抱く不安は、任務に内在するリスクではない。彼らが恐れているのは、こうした虚報や偏向報道によって、国民の理解や支持が揺らぐことである。そう拙著などで指弾《しだん》してきたが、テレビ番組の「報道」姿勢はその後も変わらなかった。

二〇一六年も自称「現役自衛官」に「海外に行った時に武器を使用できるのが問題」「戦争に巻き込まれてしまう」など出鱈目《でたらめ》を言わせた。念のため付言すれば、過去の国連ＰＫＯやイラク派遣でも要件を満たせば海外で武器を使用できた。つまり新法制の問題ではない。国内法上、武器の使用を「戦争」とは呼ばないし、国際法上、国連ＰＫＯを「戦争」とは呼ばない。「実戦的な訓練が始まった」というが、自衛隊は「直接侵略及び間接侵略に対し我が国を防衛することを主たる任務」とする（自衛隊法第三条）。直接侵略を想定した「実戦的な訓練」を行うのは当たり前だ。危害射撃した自衛官の刑事責任を含め、すべて新法制の施行に伴う問題ではない。施行日の中谷防衛大臣会見（前掲）を借りよう。

「基本的には、自衛隊の任務、また役割というのは、大きく変わるものではございません」

さすがにテレビ朝日の責任者も、まずいと感じたのか。続けて（今度は）本物の南スーダン派遣施設隊長がＶＴＲで出演し、活動の意義を短く語った。加えて伊藤俊幸元呉地方総監（海将）にもVTRで新法制の意義を短くコメントさせた。放送法への配慮であろうが、それでも番組の罪科は重い。

なぜなら、新法制に基づく任務遂行上の犠牲を「無駄死に」と誹謗し、「これからの自衛隊は軍隊（になる）」などの出鱈目が、別の「元自衛官」（末延隆成《すえのぶたかなり》）によって語られたからである。この人物は二等陸曹で定年を迎えたOBらしい。幹部はおろか、准尉にも陸曹長にも一等陸曹にも昇任できなかった人物の放言を、元海将らと対置させた。

しかも彼は日本共産党と浅からぬ関係にある。もし党員でなければ、シンパであろう。現に二〇一五年七月三十日付「しんぶん赤旗」の記事「小池議員の戦争法案追及　元陸自隊員から感想」のなかで「留飲下がる」と題して日本共産党をこう賛美した。

《「しんぶん赤旗」が入手した陸自教範による「兵站《へいたん》」の危険性を告発した記事を引用しての質問は、自衛隊にいたものとして実に留飲の下がるすばらしいものでした。（中略）安倍首相、中谷防衛相が小池さんの質問にはぐらかしの答弁しかできない戦争法案は廃案にすべきです》

部下や同僚の殉職を「無駄死に」と誹謗する自衛官など滅多にいない。たしかに新法制について自衛隊関係者の評価はいまも分かれる。とはいえ「戦争法案」と呼んで誹謗し、日本共産党の質問で留飲を下げる者を私は知らない。正直、番組を見て、驚いた。こんな輩《やから》がいたのかと。テレ朝関係者は、系列の「朝日新聞」に加え、「しんぶん赤旗」も購読しているようだ。情報を日本共産党の機関紙（赤旗）に頼り、党の関係者にコメントさせる。その姿勢は「不偏不党」（放送法）の対極に立つ。

そればかりか立野純二コメンテーター（朝日新聞論説副主幹）が「国民合意の機会を投げ出した責任は重大」「わずか一カ月の国会で通した」「私たちはそれを忘れることはできない」等々と安倍政権を非難した。二年以上も議論を重ね、国会で五つの与野党が合意し成立した経緯と事実を黙殺している。続けて古舘MCがこう明言した。

「廃案にするものは廃案にすると。それくらいの気構えで国会はやってほしいですね」

明らかに「廃案」へと世論を誘導したコメントだ。昨年（平成二十七年）九月十六日放送の「NEWS23」（TBSテレビ）でも、岸井成格アンカーが「メディアとしても廃案に向けて声をずっと上げ続けるべきだ」と明言した。それを「放送法遵守を求める視聴者の会」が放送法違反と指弾したが、同じ指弾が古舘MCにも当てはまろう。続けて立野コメンテーターがこう煽った。

「このまま自衛隊の皆さんを危険な任務に赴かせるなら、それこそ自衛隊に対する敬意の欠如だと思うんです」

そのうえで、憲法改正論を「思考停止」と誹謗しながらコーナーは終了した。まさに最後っ屁ではないか。散々、「次は徴兵制」等々事実無根の「報道」を重ね、この夜も、殉職を「無駄死に」と誹謗した。その舌の根も乾かぬ直後、「自衛隊に対する敬意」を自説の論拠に掲げる。いったい何を食べ、どんな生活をしたら、こういう感性の人間に仕上がるのか。実に不思議である。

## MCが変わっても、変わらぬNEWS23

他方、岸井成格アンカーが降板し、朝日新聞から星浩を迎えたTBSの「NEWS23」は、新法制の施行をどう伝えたか。

まず星は「限定的と言いながら（集団的自衛権行使が）できるようになるんですね」と導入。岸井時代から変わらぬ護憲リベラルなメロディを奏でた。番組VTRも「世界中で後方支援が可能に」と悪意（または過失）に満ちた紹介を重ねた。正しくは今後とも厳格な要件を満たさない限り後方支援できない。旧法制下もインド洋上などで後方支援した。南スーダンでは弾薬も提供した。つまり今回の法整備の問題ではない。

さらに法制への反対運動だけを映像で紹介しながら、自衛官の母親が「危機感を持っている」と電話で相談する音声も放送した。国会周辺のデモを、男性アナが「主催者発表で三万五千人もの人が集まりました」「憤《いきどお》りを語っています」と現地からレポートした。「三万五千人もの人」というが、それは「主催者発表」に過ぎない。政府の答弁や発表にはイチャモンをつけるくせに、左派団体の発表は鵜呑みにして、垂れ流す。これでもジャーナリズムと言えるだろうか。

スタジオでは民進党役員室長の辻元清美代議士と元防衛大臣の小野寺五典《いつのり》代議士（自民党）が討論した。冒頭、辻元の「いつでもどこでも戦争ができるようになった」云々《うんぬん》の悪意に満ちた断罪に小野寺が反論しようとしたが、司会の星が遮《さえぎ》り、後方支援の是非を巡る論点に移行した。

同番組では「非戦闘地域の縛りが解け」云々とも解説。護憲派が繰り返したフレーズだが、新法制下も「現に戦闘行為が行われている現場」では後方支援できない。「弾薬の提供までできるようになった」とも解説したが、TBSに問う。それは悪いことなのか。ならば、南スーダンで韓国軍や避難民を見殺しにすればよかったのか。

もはや個々の論点では反論しない。番組の公式サイトは「新しいNEWS23は〝脱ナリチュー〟」と題してこう謳う。

《〝ナリチュー〟＝〝成り行きが注目されます〟は、良く耳にするニュースの〝決まり文句〟。新聞記事を書き続けて30年のメインキャスター・星浩は、「決まり文句を使わない」とスタッフに宣言しました！》

新法制について番組が語った言葉は、この二年間、何度も繰り返された「決まり文句」である。私はもう聞き飽きた。

## 日テレ村尾MCの罪

日本テレビの「ニュースZERO」にも憤慨した。VTRで「日本の存立が脅かされるような場合、アメリカ軍の艦船を守るため自衛隊は武力行使することが可能になる」と紹介したが、存立危機事態で自衛隊が守るのは日本国であって「アメリカ軍の艦船」ではない。「アメリカ軍の艦船を守るため自衛隊」が使用するのは「武器」であり、武力ではない。要するにスタッフ一同、いまだに新法制を正しく理解していない。

見過ごせないのは、村尾信尚《のぶたか》ＭＣのコメントである。そのまま再現しよう。

「それ（法制）との関連を指摘する声もあるんですけれども、防衛大学校の卒業生で任官を辞退する者の数なんですが、これは去年二十五名だったのが、今年四十七名と倍近くになっているんですね。こうしたなか、安保関連法が今日施行されました。安保関連法をこのまま残すのか、それとも止めるのか。夏の参院選の大きな争点です」

村尾ＭＣが犯した最大の過ちは、防大の任官辞退者倍増と新法制を絡めたことにある。私は許せない。前述のとおり両者に因果関係はない。

村尾ＭＣがなんと言おうが、真実は一つ。平和安全法制と任官辞退に因果関係はない。あえて安倍政権との因果関係を挙げるなら、新法制ではなくアベノミクスとなろう。前掲毎日記事で学生が率直に明かしたとおり「景気が良く民間に挑戦しやすい」から辞退者が増えた。それが真実に近い。

平和安全法制が施行されても、徴兵制となる蓋然性はない。なぜなら自衛官が退職しないからである。現に、法制を理由とした防衛大学校生の「任官拒否」は起きていない。この二年間の護憲派マスコミの報道はまったくの虚偽であり、捏造であった。

だが、彼らが反省した形跡はない。それどころか、いまも唯我独尊《ゆいがどくそん》を続けている。誤報や虚報、捏造を重ねながら、謝罪も訂正もしない。悪臭の漂う最後っ屁をかまして、恥じることもない。もはや確信犯であろう。

彼らが不偏不党の立場から「真実」を報道する日は、いつか来るのだろうか。

# 第8章 ドラマも、映画も、真っ赤に染まる

## 悪者を殺さない日本のドラマ

米軍の特殊部隊を投入、悪辣《あくらつ》な独裁者の拘束に成功した「祝いの席」にもかかわらず、アメリカ合衆国大統領はこう懺悔《ざんげ》する。

《我々(米国)に祝われる資格などない。我々は遅きに失した。自分の安全が脅かされ初めて行動した。彼《か》の政権が二十万人以上殺すのを傍観してきた。人々は一年以上も虐殺され続けた。経済制裁や外交という言葉の裏で……。なんてことだ。(中略)真の平和は、紛争なき世界ではない、正義ある世界だ。私は米国の政策変更を誓う。道義的行動を阻む政治的な利己主義を、今後は決して許さない》

映画「エアフォース・ワン」でハリソン・フォードが扮したアメリカ大統領のセリフである。さて現実はどうか。たとえば二〇一三年、オバマ大統領はどうしたか。特殊部隊の投入どころか、シリアへの限定的かつ小規模な空爆すら実行できなかった。「アメリカは世界の警察官ではない」と釈明した経緯は記憶に新しい。

政治的な利己主義が道義的行動を阻んだ。「力の空白」が生まれISIL(イスラミック・ステート）が勢力を拡大させていく。現実は映画のようにはいかない。「正義ある世界」は映画のなかにしか存在しない。

とはいえハリウッド映画のなかで正義は実現する。悪は裁かれ、正義の鉄槌《てっつい》が下る。テロリストや悪者は殺害される。欧米の映画やドラマなら、ほぼ必ずそうなる。

日本はどうか。勧善懲悪《かんぜんちょうあく》の作品も多いが、犯人や悪者が公権力の法執行によって殺される作品は少ない。最近は刑事ドラマでも実弾射撃の場面はめったに見ない。時代劇のチャンバラもあるが、血が流れる場面は少ない。日本刀の背面（峰）で相手を叩く「峰打ち」が多用されるからである。

民放史上二位の最高視聴率（四三・七％）を誇る「水戸黄門」（ＴＢＳ）も例外でない。水戸光圀《みつくに》が決まって「助さん、格さん、懲《こ》らしめてやりなさい」と命じるが、二人とも素手か、峰打ち。血の流れない乱闘の末、「助さん、格さん、もういいでしょう」「鎮まれ、鎮まれ。この紋所《もんどころ》が目に入らぬか」と〝葵の御紋〟の印籠が掲げられ、乱闘終了。日本の「お茶の間」は何より血を嫌う。

最近の象徴は『るろうに剣心』であろう。和月《わつき》伸宏の漫画を大友啓史《けいし》監督が映画化、主人公の「緋村《ひむら》剣心」を佐藤健《たける》が演じ、大ヒットした。時は明治十一年。幕末に「人斬り抜刀斎」と恐れられた「最強」の暗殺者が、維新後、「不殺《ころさず》の誓い」を立てた流浪人となる。武器は「斬れない刀」の「逆《さかさ》抜刀」。どんなに卑劣な悪人も決して殺さない。誰の命も奪わない。生命尊重第一の日本ならではの設定と言えよう。

江戸時代や明治時代でも、この有り様。日本のドラマは近未来でも悪人を殺さない。たとえば「図書館戦争」。時は二〇一九年。ヒロインの笠原郁が「図書隊」に入隊する。映画やドラマ（TBS）では榮倉《えいくら》奈々が好演した。不適切な表現を規制する架空の悪法を根拠に「メディア良化隊」が銃器の使用も辞さない取り締まりを実施する。そこで図書館が「知る権利」を守るべく「図書館の自由法」を制定し、「図書隊」で自衛。両者の攻防が始まる……。

原作は有川浩のベストセラー小説（角川文庫）。シリーズ累計六百万部を突破。映画も大ヒットした。「図書館の自由に関する宣言」以外フィクションながら、「図書隊」は自衛隊を想起させる。どちらも「専守防衛」。「図書隊」は市街地での発砲が禁じられている。意図的な殺傷も禁止。そこで頼みは威嚇射撃。なのに弾薬は（殺傷リスクの低い）「弱装弾」……少なくとも私は自衛隊を想起した。防衛省もそう思ったのか。映画公式サイトにこうある。

「本を読む自由とともに思想を守る、という図書隊の理念が、防衛省の理解を得られ、陸上自衛隊と航空自衛隊の撮影協力が決定」

## 海猿も、空飛ぶ広報室も反戦平和主義？

かくして「図書隊」の装備は陸自の装備と同じに……、多くの眼に、一見、自衛隊と映った。

有川浩には、空幕広報室を舞台にした『空飛ぶ広報室』（幻冬舎）もあり、同じTBSがドラマ化した。ヒロインの「帝都テレビ」ディレクター「稲葉リカ」を新垣結衣が、「空井大祐」2等空尉を綾野剛《ごう》が好演した。

「図書館戦争」と同様に、防衛省が協力し、実際の基地や実機が撮影に使用された。ヒロイン（新垣結衣）が歩いた防衛大学校正門への坂道は、いまも「ガッキー坂」と呼ばれている。自衛隊を扱った作品のなかで最も肯定的かつ明るいドラマであり、万人に推挙できる。

私も子供に見せた。

ただし本作の舞台は自衛隊であって、名実とも空軍ではない。ほのぼのとした場面はあっても、本来任務の防空はおろか、（いまや一日三回の頻度でスクランブル発進しているにもかかわらず）平時における対領空侵犯措置など厳しい場面は皆無に近い。武力行使はおろか武器使用の場面もない。

初回の放送から「戦闘機は人殺しのための機械」と挑発するヒロインに「空井2尉」が激しく反発。上司の広報室長（柴田恭兵）が真顔で「専守防衛」を熱く語った。海外の軍隊ドラマなら、あり得ない場面だ。軍隊の装備は他人を殺傷するためにある。とくに自衛隊はそうだ。他国軍と違い、ノンリーサル・ウエポン（非殺傷兵器）を持たない。日本ではドラマまで平和ボケしている。ドラマだけではない。現実に、日本共産党の国会議員がNHKの討論番組で防衛予算を「人を殺すための予算」と表現したことが問題視された。戦後のパシフィズム（反戦平和主義）は与党や保守派まで侵食している。

いざという時、自衛隊は戦えるのか。映画化され大ヒットした麻生幾《いく》のベストセラー小説『宣戦布告』（講談社）が問いに答える。ちなみに治安出動時の厳格な武器使用権限など、本作が提起した法制上の問題は「平和安全法制」（安保法制）でも解決されていない。

いざという時、自衛官は人を殺せるのか。この問いには、月村了衛《りょうえ》著『土漠の花』（幻冬舎、二〇一五年度本屋大賞五位）が答える。狙撃手が泣きながら、こう呻《うめ》く。

「撃てません……どうしても……」

なぜか。「誰も殺したくない。人を殺した手で（娘の）優奈を抱くのは耐えられない」

――海外ならドラマですら、あり得ないが、自衛隊では、あるかもしれない。

いや、自衛隊に限った話ではない。海上保安官も躊躇《ちゅうちょ》するのではないか。メガヒットした『海猿』（漫画の原作は佐藤秀峰《しゅうほう》、原案・小森陽一、小学館）から答えを探ろう。ドラマ（フジテレビ）で仲村トオルが演じた「池澤真樹」3等海上保安正は、不審船に向けた射撃を躊躇する。そのときのセリフが先の狙撃手とほぼ同一であった。

二〇一六年三月、「平和安全法制」が施行された。今後、対人射撃の可能性を否定できない。そのとき撃てるのか。以上の場面が現実とならないことを切に望む。

## ネット保守も、朝日新聞も絶賛する「政治劇」

「ホント、酷いね」――劇場を出た直後に、家人がそう呟いた。正直、私も暗澹《あんたん》たる気持ちを引きずったままだ。

二〇一五年に公開された映画「日本のいちばん長い日」（松竹ほか製作）。公式サイトは

「1945年8月15日、終戦。戦争終結のために命をかけた男たちの感動の物語。」との宣伝コピーに加え、「大ヒット上映中」と自画自賛した。

実際、興行成績も好調らしい。ネット上には好意的な投稿が溢れた。なぜか、いわゆるネット保守層も例外でない。これは、どういうことなのか。彼らは本当に、私と同じ映画を見たのであろうか。見れば、以下の問題点に気づくはずである。

まず、史実との違いが目立つ。そう思わないのなら、彼らの歴史への理解は浅い。おそらく、「史実などどうでもよい」と構えているのであろう。そのレベルの観客には、昭和天皇、鈴木貫太郎総理、東條英機元総理、阿南惟幾《あなみこれちか》陸相を除けば、個々の俳優が、実在した誰の役を演じているのか、理解できないまま終わる（はずだ）。これでは、映画の創作を史実と受け止めてしまうのではないか。

具体例を一つ挙げよう。映画には大西瀧治郎《たきじろう》（海軍中将・軍令部次長）も登場する。はたして、何人の観客がそう理解できたであろうか。大西に限らず、登場人物のテロップはない。前後のセリフや場面設定などから観客が推知するしかない。つまり、観る側に相当の知識がなければ、誰が誰なのか、最後まで、ほとんど分からない映画になっている。

それなのに「感動した」などと投稿できる感覚を私は共有できない。彼らが陶酔したのは歴史に刻まれた昭和二十年八月とは無関係な銀幕のなかだけに存在する「日本のいちばん長い日」でしかない。

そんな細かい史実は重要でないと反発する向きもおられよう。ならば反問する。あなたは、大西が「神風特別攻撃隊」の創始者である事実をご存知なのか。大西が昭和二十年八月十六日に、映画が賛美した阿南陸相と同様、割腹自決したこともご存知なのか。もし、そんなことも知らずに「感動した」のなら、それはずいぶん陳腐な感動ではないか。

残念ながら活字の世界も例外でない。いわゆる終戦記念日（『戦没者を追悼し平和を祈念する日』）の翌朝、朝日新聞の一面コラム「天声人語」が、こう賛美した（八月十六日付）。

《降伏か、一億玉砕も覚悟の徹底抗戦か。70年前の夏に繰り広げられた政治劇である。「聖断」を下した昭和天皇をはじめ、鈴木貫太郎首相、阿南惟幾陸軍大臣らを軸に、極限的な攻防が続く。彼らの人間的な、また家庭的な側面も彩り豊かに描き、分厚い仕上がりになった▼（中略）まさに戦争の恐るべき本質を教えられる作品だ▼原田眞人《まさと》監督の言葉もずしりと響く。「『国を残すために軍を滅ぼした』という姿勢を今後も継承してもらいたい」。歳月が過ぎ、敗戦の記憶が遠のいていくことへの危機感に共鳴する》

このように右から左まで、保守もリベラルも挙《こぞ》って賛美し、ごく一部の識者だけが疑問の声をあげている。下川正晴元毎日新聞ソウル支局長が「Ｆａｃｅｂｏｏｋ」（ＳＮＳサイト）で映画の問題点をこう指摘した。《これは、「改ざん」ではないのか⁉》《阿南惟幾陸相が、そんなことを言う訳がない⁉》。下川氏が指弾したのは以下のセリフである。

《阿南「軍をなくして国を残す。日本は亡びるものか。勤勉な国民だよ。必ず復興する。（厳しい口調で）中央幕僚の最大任務は平静な終戦処理だ。外地に残された将兵の復員も早急に実現してくれ。君たちはこの二大事業を完遂してほしい」》

## 終戦時の陸相は「非武装平和論者」？

「天声人語」と同じセリフに着目しながら、下川氏は正反対の評価を下す。映画の「参考文献」（角田房子『一死、大罪を謝す　陸軍大臣阿南惟幾』ちくま文庫）のセリフ「軍を失うも、国を失わず」と比べたうえで、映画のセリフとは「自分の意志で軍をなくするか、他者の意思で軍がなくなるか。１８０度（意味が）違う」と指摘。阿南陸相が「非武装中立論者」みたいなことを言ったわけではないと指弾する。

念のため、映画の「原作」である半藤一利著『日本のいちばん長い日　決定版』（文春文庫）のセリフとも比べよう。

「軍がなくなっても日本の国は大丈夫だ、亡びるものか。勤勉な国民なのだよ。かならず復興する。こんどは君たちがそのお役に立たなくてはいかんな」

並べるとこうなる。

原作「軍がなくなっても」

参考文献「軍を失うも」

映画「軍をなくして」

取るに足らぬ違いではない。ここが「最大のポイント」である。そう、映画を撮った原田眞人監督がインタビューで明かしている。

《最大のポイントは、「軍をなくしたから国が残っているんですよ」ということ。これは、声を大にして言いたい。70年経ったから軍にしていいとか、そんなことはありえないわけです。日本は絶対に、軍を持ってはいけない。そんなふうに考えてもらえるように、繋がっていったらいいですね》（月刊誌『シナリオ』八月号）

原田監督は「非武装論者」であり、非武装を訴えるべく、この映画を作った。阿南陸相の遺志が汚された。下川氏はそう指弾する。他方、「天声人語」は監督の姿勢に「共鳴」し、映画を子供にも薦める。

どちらが歴史に謙虚なのか。あえて論じるまでもあるまい。「日本は絶対に、軍を持ってはいけない」。監督がそう考えるのは勝手だが、七十年前の夏、当時の陸相が部下にそう明言したとは考えられない。それなのに、原作にないセリフを創作し、あたかも史実であるかのように描く。原田監督はパシフィズム（反戦平和主義）に前頭葉が侵されている。単に一度の失言ではない。監督は〝確信犯〟である。二〇一五年七月十九日も大阪市内でトークショーに出演。「安保法案」を「安倍首相のおかげで民意を無視した強行採決」と揶揄。「ちょっと危険な内閣の中で、若い人の声が上がっています。そのときにわれわれが彼らに耳を傾けないといけない。ことに若い世代に向けて意識改革しないといけない時代」「軍をなくして国を残す決断を下した人たちを描いたこの映画をいろんな世代の人にみてもらいたい」と訴えた（七月十九日付デイリースポーツ）。その他同様のコメントは枚挙に遑《いとま》がない。二〇一五年五月二十日の「完成報告会見」ではこう明言した。

《特定秘密保護法、その他含めて、割と表現者が圧迫されるような時代が来つつある、当時と似ている姿勢が今の政治家によって生み出されているこの時代に、やはりこういうものを送り出す意義がものすごくあるんだなということを我々は実感しております。（中略）この作品のキーワードは阿南陸相が言うのですが「軍をなくして国を残す」この精神を我々はずっと継承していかなければいけないと思っています》（映画の公式サイト）

ご覧のとおり「安保法案」にも特定秘密保護法にも反対し、安倍内閣への揶揄誹謗を繰り返している。こうも語った。

《戦後70年も経つと、歴史を都合よく解釈して、「憲法改正が必要だ」なんて言う内閣が出てくるわけですよね。まあ、憲法問題は議論あってしかるべきだけど、ＧＨＱによるお仕着せの憲法だという事実はない。ＧＨＱは森戸辰男さんらリベラルな日本人が作った憲法案をもとに起草した》（前掲インタビュー）

## 演出なら何でも許されるのか

歴史を都合よく解釈しているのは誰か。原田監督自身ではないのか。もし、そうでないと言うなら、映画が「キーワード」としたセリフの根拠を明示してほしい。映画の陸軍省内では英語の歌が流れる。これも監督の創作であろう。下川氏はこの「原田演出」に「かなり違和感がある」とも指弾する。映画公式パンフレットの「劇中曲解説」も《一ヵ所だけ

「えっ」と思わせるシーンがある》「それまでと全く違った次元の演出だ」と明記する。婉《えん》曲的《きょくてき》な批判とも読める。同じパンフで監督は「阿南陸相はインドネシアやシンガポールに駐屯していたこともあるので、当然イギリス系の音楽に触れていたはずです。親しみを持っていたとしても不思議ではない」と釈明する。

たしかに、その可能性は否定できないが、現実の陸軍省で映画の歌が流れた可能性は、それと比べ、桁違いに低い。下川氏は「外国での上映を意識しての演出ではないか」と指摘する。そうかもしれない。事実、この映画は英語で「THE EMPEROR IN AUGUST」（八月の天皇）というサブタイトルがついており、冒頭、菊の御紋章のアップで始まる。それらが「外国での上映を意識しての演出」だとすれば、なおさら史実から遠のいたのではないか。

阿南惟幾侍従武官が天皇の軍服の皺《しわ》を直す場面も、監督の創作であろう。下川氏は好意的に許するが、大多数の観客が史実と勘違いする以上、問題があると思う。「演出」なら、どう創作しても許されるのか。それは歴史への冒瀆《ぼうとく》ではないのか。強い違和感を禁じ得ない。具体的に検証しよう。映画は冒頭、こう始まる。

「画面に菊の御紋ふたつ。クレジット始まる。突然、御紋が左右に分かれ、重臣会議を終

えた東條英機（61）元首相が扉から出て来る。苛立った様子で立ち止まる」（決定稿シナリオ、月刊誌『シナリオ』八月号掲載）

このように「苛立った様子」の東條が冒頭から登場し、鈴木内閣組閣への不満をぶちまける。続く場面の字幕は「1945年4月」。なぜ、わが国の歩みを西暦で振り返るのか。私は映画の冒頭から大きな違和感を覚えた。後半では、井田正孝中佐（陸軍省軍事課）がこう話す。

「ソ連は一九四一年六月二十二日のドイツ奇襲開戦で（以下略）」

昭和二十年八月、決起に走った陸軍中佐が近衛師団司令部で西暦を用いたとは考えにくい。これも「外国での上映を意識しての演出」なのだろうか。終盤で、鈴木総理がこう語る。

「阿南さん、日本のご皇室は絶対に安泰です」

原作は最後に「ですよ」と「よ」がつく。それだけの違いである。原作、映画とも違和感を覚える。鈴木が「ご皇室」と言ったとは考えにくい。なぜなら「皇」の前に「ご」をつけると二重敬語となり、逆に皇室への不敬となってしまうからだ。平成のいまも誤用が絶えないが、昭和二十年八月に総理大臣が誤用したとは考えにくい。私は違和感を覚えた。

映画は東条を終始、無能で凡庸《ぼんよう》、粗暴な人物として描く。陸相室の場面は「東條、阿南のものすべてが気に食わない」と書かれたシナリオどおりに描かれる。続く、陸軍省軍事課の場面では勇ましく、こう叫ぶ。

「たとえ陛下より仰せあるも、先ず諫《いさ》め奉《たてまつ》り、度々諫言《かんげん》し奉る――」。続けて（その後、決起に走る）軍事課員らに「それでも御許しなくばどうする？」と訊き、重ねて「どうする⁉」と迫り、「強制し奉りても所信を断行すべし！」との返答を引き出し、「よく言った。椎崎中佐。強制し奉りても所信を断行すべし！　余は是を取る！　君たちは如何に心得る？」と再び質《ただ》し、「本土決戦！　徹底抗戦あるのみ」と答えさせる。

## 悪いのは東條英機？

続けて弓道場の場面となり、安井藤治《とうじ》（国務大臣）が「東條さんはやる気まんまんだね。あちこちで火をつけている」と語り、陸軍省軍事課長の荒尾興功《おきかつ》大佐が「若いのが何人か火をつけられました」と応じる。

つまり陸軍将校らの決起は、東條英機が火をつけた結果（であり、悪いのは東條）という印象操作である。後半、昭和天皇に謁見《えっけん》し、「東條は納得しておりません。改めてポツダム宣言受諾反対を奏上に参りました」とも話す。ここでも描写は冷淡だ。事実、シナリオは「冷ややかに東條を見つめる天皇」と明記する。続けて「サザエの学名」を巡る問答が続くが、それはどの史料に基づく描写なのか。ぜひ教えてほしい。

そもそも映画が東條をクローズアップしたこと自体おかしい。東條は原作に二度しか登場しない。ほとんど監督の創作であろう。あっさり言えば（東條を「A級戦犯」とした）東京裁判史観に毒されている。この点では、映画より原作のほうが史実に近い。あえて原作から東條の実像に近づこう。

原作はまず、ポツダム宣言受諾に「ほとんどの重臣」は「賛同したが、陸軍出身の元首相の小磯国昭と東條英機はそれを不可と反対した」と書く。ただし同じページで「東條が大声を出し」「小官も小磯大将と同意見である」と発言する場面が続く。その小磯は「それならば何も申し上げる必要はない」と発言した。「それ」とは「大命に基づいたもの」、つまり昭和天皇の「考えによる」大命ならば、東條に異論はないという会話である。

以上を原作とした映画なのに、なぜ東條が「たとえ陛下より仰せあるも、先ず諫め奉り、度々諫言し奉る――」と叫び、「それでも御許しなくばどうする？」との設問に、「強制し奉りても所信を断行すべし！」となるのか。史実は正反対ではないか。悪意と敵意に満ちた創作である。

もう一カ所、原作は東條の発言をこう記す。

「いずれ降伏となればわれわれは当然のことながら軍事裁判にかけられるだろう。そのときはおたがいに（中略）堂々と大東亜戦争の意義について述べよう。われわれは防衛戦争を戦ったのである」

実際、そうなった。東京裁判で判事を務めたレーリンクは共著『レーリンク判事の東京裁判』（新曜社）で、こう記している。

「実際、彼は法廷での態度によって、日本での尊敬を回復しました。（中略）東条は非常に長い印象な演説を行ないました（中略）日本に不可欠な物資が危機にさらされていたことを強調しました」

「東京裁判が勝者の裁きにすぎないという点に関しては、東条は正しかったのです」

東條の「獄中手記」や「東條英機宣誓供述書」も右を裏付ける。前者は佐藤早苗著『東條英機〈わが無念〉』（光文社）、後者は東條由布子《ゆうこ》編『大東亜戦争の真実』（WAC）が収める。

そうした一部の試みを除き、東條の主張は戦後七十年を経たいま、完全に忘却されている。

保守を自任する安倍晋三総理の談話とて例外でない。

レーリンクは「東条が非常に頭がよかったことは確かです」とも評している。東條はスイスで駐在武官を務めた。ドイツにも駐在した。当時の陸軍では国際派とも評し得る。歩兵学校の研究部員や陸大の兵学教官を歴任した理論派とも評し得よう。史実は、映画が描いた東條の無能、凡庸なイメージとは正反対である。

昭和天皇の信頼も厚かった。『昭和天皇独白録』（文藝春秋）はこう記す。「東條は一生懸命仕事をやるし、平素云つてゐることも思慮周到で中ゝ良い処があつた」。東條総理の辞職に際し、「私は東條に同情してゐる」と明かした。そもそも無能な好戦派なら、新たな総理が「陸軍を抑へ得る力のある者であることを必要とした」昭和十六年に組閣の大命が降下したはずがない。天皇は「この男ならば（中略）陸軍を抑へて順調に事を運んでいくだろうと思つた」。監督の演出や創作は以上の史料や史実に反している。

## 史実に反する演出や創作

映画は低俗な「陸軍悪玉」史観から抜け出ていない。なかで迫水久常《さこみずひさつね》（書記官長）が吐き捨てるように「まともな思考力が陸軍には残ってませんよ」と語る。青年将校らの描き方も演出が過ぎよう。

「日本のいちばん長い日」は以前、岡本喜八監督が映画化した。前掲インタビューで原田監督は、その旧作をこう酷評する。

《ちょっと耐え難いものを感じていた。（中略）はっきり言って、軍人がオーバーアクトですよね。（中略）原作を読んで、「全然違うじゃないですか」という思いを徐々に強くしていった》

右は、すべて新作にも当てはまる。いや「ちょっと」どころではない。まるで耐え難い。軍人がオーバーアクトだ。

たとえば映画は畑中健二少佐をクローズアップする。公式パンフの「シナリオ評」は、その畑中少佐の描写を旧作と比べ、「狂気と青春が重なった破滅的な行動としては感傷的に過ぎる」と批判した。原田監督は右インタビューで「僕なりに畑中健二の生き方を理解したうえで、創作しているんです」と明かし、井田中佐（前出）による森赳《たけし》中将（近衛師団長）への「今作の説得場面は創作ですよ」とも明かす。

監督が告白したとおり、もはや演出ですらない。完全な「創作」である。そもそも監督は、いかなる史料をもとに「畑中健二の生き方を理解した」のか。それを教えてほしい。「東部軍終戦史」は「平常温厚の士であり、言語態度きわめてものやわらか」と記録する。映画のイメージとは真逆だ。この記録は原作の注が再録する。私は「原作を読んで、『全然違うじゃないですか』という思いを」抱いた。

原作では、阿南陸相が「米内《よない》を斬れ」とも語っている。米内は当時の海軍大臣。阿南のそうした側面を映画は無視し、黙殺している。映画は阿南を、善き家庭人として描く。

さらに言えば、血気盛んな青年将校による反乱劇という主題そのものが怪しい。

前出『独白録』では「驚くべきことがはじめて語られた」。玉音放送の録音盤奪取事件の「偽命令が近衛師団参謀長（水谷一生大佐）と荒畑軍事課長（正確には荒尾興功大佐）の連名で出されたと、天皇に記憶されていることは重大である。もしこれが事実なら、終戦史はもう一度調べ直さなければならなくなる。なぜなら荒尾軍事課長は阿南陸相がもっとも信頼し、終戦までのさまざまな陸軍の政軍両略の中心となった軍人でもあったからである。宮城占領計画は、もしこれが正しければ、少数の青年将校の〝真夏の夢〟的な叛乱ではなく、陸軍中枢が加わっていたものとも考えなくてはならなくなる」。

独白録にこう〈注〉記したのは、他ならぬ半藤一利である（同書凡例）。つまり映画の原作者。だが監督らが、原作者の右指摘を踏まえた形跡はない。独白録どころか、原作の注も読んでいないのであろう。

前述のとおり、映画には海軍の大西瀧治郎も登場する。東條英機と同じく、原作では二度しか登場しない。一つは「断固たる反発を連合軍諸国に加え、すすんで戦意の高揚に死すべき」と鈴木総理に迫る場面。もう一カ所は間接話法での発言に過ぎない。それなのに、映画の大西瀧治郎は勇ましく、こう叫ぶ。

「二千万人の国民を特攻で殺すつもりなら必ず勝てるんだ」

「特攻あるのみ。二千万の国民特攻で戦えば、神風は吹く！」

阿南陸相に諌められ、「軍刀に手が伸びる」場面もある。大西が徹底抗戦を主張したとする史料はあるが、右のセリフは原作にもない。「軍刀に手が伸びる」場面もない。すべて監督の「創作」であろう。「陸軍悪玉」史観とのバランスをとったのかもしれないが、大西ないし神風特攻隊への悪意と敵意を感じる。

## リベラルな論客も苦言を

映画は、徹底抗戦を主張した大西や青年将校らを狂人のごとく描いたが、当時はそれが政府の方針でもあった。昭和天皇も神風特攻隊の戦果を聞き、「そのようにまでせねばならなかったのか、しかしよくやった」と軍令部総長に語った。「沖縄で敗れた後」も「雲南を叩けば、英米に対して、相当打撃を与え得るのではないかと思つて」いた。その雲南作戦が「望なし」と知り、ようやく講和の「肚をきめた」（独白録）。

その他の史料からも、昭和天皇が「一撃講和論」に拠《よ》っていたことが推知できる。原作は青年将校の「敵に大打撃を与え、少しでもよりよい条件において〝休戦〟すべきだとする信念」（竹下中佐）を描いたが、それが「一撃講和論」である。そのための「本土決戦」や「徹底抗戦」である。海軍の軍令部次長だった大西や陸軍の青年将校が徹底抗戦を主張したのは当然とも言えよう。天皇、総理、陸相を善玉として描く一方、大西や青年将校を狂人のごとく描いた手法には違和感を覚える。

事実、玉音放送のあとも、各地の部隊が特攻作戦を続け、本土決戦への意欲を高めていた。八月十六日放送のテレビ朝日「戦後70年ドラマスペシャル　妻と飛んだ特攻兵」は、その間に起きた実話が原作である。同夜のＮＨＫ総合テレビ「〝終戦〟知られざる7日間」が報じたとおり、「当時、政府・軍中央の統制は弱まり、空白期間とも言える状況に陥っていた」。なぜか。鈴木総理が敗戦処理の責任を放棄、なんと八月十七日に総辞職したからである。国際法上はその後も戦争は続く。もちろん「日本のいちばん長い日」には出てこない。満州事変に至る経緯も描かない。映画から得られる教訓は少ない。

プロデューサーは公式パンフで「リアリズムを超える視点が有効」としつつ、「一方、わかりやすくするために単純化したり、言葉を言い換えたりしていない妥協のない映画になるだろうし、そうしなければ犠牲者・史実に対して失礼だという思い」を綴っている。

ならば訊きたい。拙稿が指摘したセリフや場面はどうなのか。史実に対して失礼ではないのか。プロデューサーは「1ヵ所も東京で撮られていないのは、映画的でもある」と語る（同前）。映画関係者は、史実を無視した創作を「映画的」と呼ぶらしい。ならば、本作品はまさに映画的な映画である。

皇居内はともかく、いまも市ヶ谷台の防衛省地下に残る旧陸軍参謀本部、大本営陸軍部の地下壕で撮影しなかったのは、なぜか。そこで阿南陸相が参謀らにポツダム宣言受諾を告げた。そこがいまも残り、防衛省大臣官房広報課が映画に「協力」したにもかかわらず、京都府舞鶴市のＪＡトンネル内で撮影したのは、なぜか。私のような素人《しろうと》には理解できない。

蛇足《だそく》ながら、保阪正康の「新旧映画シナリオ考」（前出『シナリオ』）にも敷衍《ふえん》しておく。

「東條の描き方は旧作ではほとんどなかったが、新作では強硬論の軍人（中略）という描き方だ」

「天皇とこうした会話が現実にあるか否かは不明にしても（中略）この点は、旧作のほうが筋が通っている」

婉曲表現《えんきょくひょうげん》ながら、新作の「東條の描き方」を咎《とが》めている。新作映画で昭和天皇がポツダム宣言を「議論するとなれば際限はない。文言が気に入らないからとて戦争を継続することはありえない」と語る。それを保阪は「新作のこの表現を見て私は驚いた。天皇はこのような話し方はしない。しかしこれが歴史としての見方になるのかと思うと、戦後七十年の意味が改めて重みをもってくる」と控えめに書いた。まさに「これが歴史としての見方になるのかと思うと」、私は暗澹たる気持ちになる。

以上は保守派からの批判ではない。だからこそ、かつて月刊『正論』や拙著で批判した保阪氏の指摘を援用した。同じ理由から原作者（半藤一利）への批判を控えた。

なお原作には、私の尊属である潮恵之輔《しげのすけ》（最後の枢密院副議長）も登場する。映画には登場しない。時間の制約上、それは仕方ない。ただ、そうした事情もあり、私にとり「日本のいちばん長い日」はけっして他人事《ひとごと》ではない。掛け替えのない祖先の歩みである。それを安倍批判の脈絡でねじ曲げた映画の演出や創作は許しがたい。いや、私の思いなど、この際どうでもよい。

岡本喜八監督による旧作が公開された年、昭和天皇は皇居内で映画を御覧になった。そう『昭和天皇実録』が記す。今上《きんじょう》陛下も新作を御覧になるのであろうか。そう考えれば、以上の問題は単なる映画批評に留まらない。

戦後七十年の夏、昨今の軽薄な歴史認識を象徴する映画が公開された。実に後味が悪い。

# 第9章 だから誰もマスコミを信じなくなった

## 太宰治もチェスタトンも揶揄した

太宰治に「おさん」という短編小説がある。敗戦翌年の夏を舞台に、妻の視点から語られる。「夫は、神田の、かなり有名な或る雑誌社に十年ちかく勤めて」いたが失業。起業するも失敗し、借金を背負う。最期は妻子を残し、「神田の雑誌社の二十八歳の女記者」と心中する。「夫」は妻に以下の手紙を遺す。

「自分がこの女の人と死ぬのは、恋のためではない。自分は、ジャーナリストである。ジャーナリストは、人に革命やら破壊やらをそそのかして置きながら、いつも自分はするりとそこから逃げて汗などを拭いている。実に奇怪な生き物である。現代の悪魔である。自分はその自己嫌悪に堪《た》えかねて（以下略）」（『太宰治全集⑨』ちくま文庫）

初出は『改造』昭和二十二年十月号。その翌年、太宰は妻子を残し、玉川上水に女性と入水《じゅすい》する。妻へ宛てた遺書に「誰よりもお前を愛してゐました」「あなたを嫌いになつたから死ぬのでは無いのです。小説を書くのがいやになつたから死ぬのです。みんな、いやしい欲張りばかり」と記した。

作中の「ジャーナリスト」と同様、「自己嫌悪に堪えかねて」死を選んだのであろうか。事実、太宰は自殺未遂や心中未遂を繰り返してきた。女性関係も激しく、右作品を発表した翌月、『斜陽』のモデル（太田静子）との間に生まれた娘を認知する。死の直前に脱稿した『人間失格』の一節、「恥の多い生涯を送って来ました」は太宰の生涯とも重なる。ここでは右のジャーナリスト評に注目したい。

「現代の悪魔である」の「現代」はいまから六十九年前の昭和二十二年。当時、「人に革命やら破壊やらをそそのかして置きながら、いつも自分はするりとそこから逃げて汗などを拭いている」。

――いまで言えば「安保法制の廃止をそそのかしながら」であろうか。そう主張する現代の有名ジャーナリストは、かつて自衛隊の国連ＰＫＯ派遣にも反対した。その当時、「国民の信頼を得られないばかりか、国際的な理解も得られない」と毎日新聞のコラムに書いた者もいる。その後、自衛隊は内外の理解と信頼を獲得したが、彼らは口を拭《ぬぐ》い、平然とメディアに露出し続けている。「実に奇怪な生き物である。現代の悪魔である」――太宰の揶揄《やゆ》は平成のいまも当てはまる。

昭和二十二年、太宰の周囲は「欲張りばかり」だったという。ならば、現在のジャーナリストはどうか。専門家の調査によると「家庭生活を怠るほどの異常な仕事ぶりが、彼らには見られる」「10人のうち4人は独身か、未亡人か、離婚している。そして、4分の3には扶養する子供がいない」(フランクリン他著『ジャーナリズム用語事典』国書刊行会、二〇〇九年刊行)。彼ら彼女らの生き様は昭和の昔も、平成のいまも変わっていない。

ただ一つ決定的な違いがある。昔は「自己嫌悪」があったが、いまはそれもない。それどころか、自らを絶対的な正義とみなして憚《はばか》らない。肥大化した自意識と歪《ゆが》んだエリート意識を持ち、読者や視聴者を惑わし、そそのかす。都合が悪くなると、ヘビのようにするりと逃げる。まさに「現代の悪魔」と評し得よう。

現代の悪魔は、一般国民の国際法(や集団的自衛権)に関する無理解を悪用し、平和安全法制(いわゆる安保法制)を「解釈改憲」「憲法違反」と一方的に断罪した。「立憲主義」など聞いたこともない国民に向かって「立憲主義が崩れる」と扇動し、いまも「廃止」をそそのかしている。英作家、G・K・チェスタトンの揶揄を借りよう。

《ジャーナリズムというものの大半は、「ジョーンズ卿死す」という報せを、そもそもジョーンズ卿が生きていたことを知らない人々に伝えることで成り立っている》(『ブラウン神父の知恵』ちくま文庫)

およそ有害無益。誰のためにも、何の役にも立っていない。事実無根の「報道」を繰り返しながら国民を扇動し、国益を害している。

## 誰が呼んだか「第四の権力」

だが、不思議なことに当事者らは、そう考えていない。それどころか、自らを「第四の権力」とみなしている。「実に奇怪な生き物である」。当事者だけではない。ネット上のフリー百科事典「ウィキペディア」はこう説明する。

《報道・ジャーナリズムは社会的に非常に大きな力をもっており、「立法」「行政」「司法」の3つの権力にこの「報道機関」を加え、「第四権力」とも呼ばれる》

これが一般的な理解として定着している。さて当事者の理解はどうか。

臆面もなく『ジャーナリズムの条件』と題した全四冊のシリーズがある（岩波書店、二〇〇五年発行）。第一巻の責任編集者（筑紫哲也）が序章でこう宣言する。

《これまで世に出たおびただしい数のジャーナリズムについて書かれた著書のなかにあって、その「決定版」でありたいという野心の下で編まれている》

自称「決定版」の第三巻『メディアの権力性』は、佐野眞一責任編集。佐野は巻頭の「総論」でこう述べる。

《ジャーナリズムは、かつて「第四の権力」と呼ばれていた。立法、行政、司法の三大権力の暴走をチェック・監視し、客観的に批判・検証する役割を自任し、それに期待する国民の要望に応える一定程度の役割を果たしてきたからである。／しかし、いまやジャーナリズムはそうした輝かしき座から滑り落ち、三大権力に次ぐ、もしくはそれを補完する存在になりつつある。文字通り、「四番目の権力」に転落しようとしているのである》

一方で「権力の暴走をチェック・監視し」云々《うんぬん》と称揚《しょうよう》しながら、躊躇《ためら》うことなく、それを「第四の権力」と呼び、その直後に「四番目の権力」に転落云々と続ける。いったい、どういう言葉のセンスなのか。かつて「第四の権力」と呼ばれていたというが、ならば、いつ誰がそう呼んだのか。その答えは「決定版」ではなく「ウィキペディア」にある。

《新聞のことを最初に「The Fourth Estate（第四階級）」と呼んだのは、イギリスの思想家で政治家のエドマンド・バークとされ、国王（または聖職者）・貴族・市民の三身分に次ぐ社会的勢力の意味だったが、のち無産階級＝プロレタリアートを指す別の意味の言葉にもなった。日本では田中角栄が第四権力という言葉を定着させた》

いまや正解はネット上で検索できる。もはや高価な分厚い専門書を購読する必要はない。皮肉を重ねれば、反権力を標榜する陣営が田中角栄の表現を援用している。リベラル派のくせに、「保守主義の父」（たとえば『サッチャー回顧録』）バークの表現を借用している。実に奇妙ではないか。なおウィキペディアも「バークとされ」と出典を濁したが、正しくは以下のとおり。

「バークは、議会に三階級ある、しかし、向うの記者席にはそれら全部より遥かに重要な第四階級が座っている、と言った。それは比喩《ひゆ》でも奇抜な言葉でもなく、それは文字通りの事実であって、――こんにち、わたくしどもにとって極めて重大である」（『カーライル選集2　英雄と英雄崇拝』日本教文社）

右の「こんにち」は一八四〇年五月十九日。こう講述したのはトマス・カーライル。大英帝国を代表する学者・言論人であり、御多分に漏れず、バークの強い影響を受けた。「この国民にして、この政府あり」や「真理は喝采ではつくれない。是非は投票では決められない」などの名句で知られる。

つまり「保守主義の父」から保守思想家が受け継いだ表現である。護憲リベラル派のジャーナリストが使うのは奇妙ではないか。

## ジャーナリストは大衆に受けるように書く

しかも原語は「The Fourth Estate」(第四階級)。右訳本のとおり「第四階級」と訳すのが正しい。言語のどこにも「権力」の含意はない。前掲著は「文字通り、『四番目の権力』に転落しようとしている」というが、何番目であれ、ジャーナリズムごときが「権力」を持つはずがない。蛇足《だそく》ながら「第四階級」は「プロレタリアート(労働者階級)の別称」(百科事典マイペディア)でもある。左翼が掲げる旗印としても、「第四階級」のほうが相応《ふさわ》しいのではないか。

もしかすると、『第四の権力――深まるジャーナリズムの危機』(日本経済新聞社)と邦訳されたジャン=ルイ・セルバン=シュレベールの著書が右の誤解を広めたのかもしれない。同書の原題は『Le pouvoir d'informer』(仏語)。英語に訳せば『The power of information』、日本語の直訳なら「情報(権)力」とでもなろう。名実とも情報が持つパワーを述べた著書であり、「権力の暴走をチェック・監視し、客観的に批判・検証する役割」を説いたわけではない。

岩波書店の「決定版」にして、この始末。現代日本のジャーナリズム理解は決定的に浅い。悲しいまでに……。我慢して、もう少し生態観測を続けよう。

バークの時代と違い、現代の「記者席」は議場に留まらない。テレビ局のスタジオにも彼ら彼女らの指定席がある。日々そこに鎮座するジャーナリストを「第四階級」と呼ぶのは今日、妥当だろうか。

そもそもジャーナリストは、そんなに偉いのか。カタカナで表記されるとおり、原語は外国語（英語）である。定評ある『リーダーズ英和辞典　第3版』（研究社）はこう訳す。

1aジャーナリズム、新聞雑誌編集［経営］（業）、新聞雑誌編集［経営］（業）の研究　1b新聞雑誌寄稿執筆（業）∴新聞雑誌の文章《端的な事実の記述、または俗うけする記述》∴《絵画・劇などの》新聞雑誌調の［俗うけをねらった］表現［上演］　2新聞雑誌《集合体》

以上のとおり、あくまで「新聞雑誌」に関する言葉であり、テレビは関係ない。いや、冒頭のカタカナ「ジャーナリズム」にその含意があるとの強弁もあり得よう。ならば「ジャーナリスト」はどうか。

ジャーナリスト《新聞雑誌記者・新聞雑誌寄稿家、特に新聞人》∴新聞雑誌業者∴大衆に受けるように書く作家［ライター］∴日誌をつける人やはりテレビの三文字はない。

いわゆる高市発言を巡って、自称「ジャーナリスト」がジャーナリズムの意義を語りながら、高市大臣と安倍政権を非難している。だが、事は放送法（と電波法）に関する答弁である。英語本来の意味では、ジャーナリズムと無関係である。

英語では「端的な事実の記述」や「俗うけする記述」「俗うけをねらった表現」に過ぎない。高尚な意義を語ること自体おかしい。所詮、「大衆に受けるように書くライター」に過ぎないのだ。ドヤ顔で「ジャーナリスト」と自称する感覚は滑稽に見える。「実に奇怪な生き物である」。……などと誰も皮肉を言わないのは、日本語の「ジャーナリズム」が以下のように理解されているからであろう。

「新聞・雑誌・テレビ・ラジオなどで時事的な問題の報道・解説・批評などを行う活動。また、その事業・組織」（『広辞苑』岩波書店）

他の辞書や辞典も異口同音《いくどうおん》ながら、それらの意味は語源から遠い。

ジャーナリズムは「ジャーナル」と「イズム」から成る。ただし『リーダーズ』が語釈したとおり、英語に「イズム」（主義主張）の含意はない。

## ジャーナリズムに崇高な価値はない

「ジャーナル」はどうか。『リーダーズ』は「日誌、日記、議事録、日刊新聞、新聞、定期刊行物」などと語釈し、ラテン語の「diurnal」が語源とする。英語にも「diurnal」という単語があり、「昼間の、日中の、日ごとの、日記、日刊新聞」などの意味がある。

ラテン語の「diurnal」は、「日、一日、昼間、日中」などを意味するラテン語「dies」に辿り着く。英語の「dial」（ダイアル、時計の文字盤）も、これが語源である。同様に、「旅行」を意味する英語の「journey」も「dies」の形容詞形「diurnus」（昼間の、一日の）に辿り着く。「daily」（デイリー、毎日の、日刊の）も「dies」から派生したラテン語「diarium」（一日の割り当て、日誌）に遡《さかのぼ》る。ジャーナルの語源となった「diurnal」も「diurnum」から派生した。ちなみに「世界最古の新聞」とも言われる古代ローマの官報の名称は「Acta Diurna」。「Acta」は「議事録」、「Diurna」は「日刊」（新聞）。つまり「日刊の議事録」である。

以上のように「ジャーナル」は「一日」や「昼間」、「日誌」などを意味するラテン語に遡る。だから英語の「ジャーナリスト」には「日誌をつける人」という意味がある。英語本来の意味でなら、「日誌をつける人」はみなジャーナリストである。本来なら、尊大な自意識を肥大化させるべき仕事ではない。英語で「特に新聞人」を意味するのも、新聞が日刊だからである。つまり、英語本来の意味でのジャーナリズムには、「新聞雑誌編集」を越えた崇高な価値はない。「端的な事実の記述、または俗うけする記述」に過ぎず、どこにも深遠な意義はない。本来、無関係なテレビ人がジャーナリズムを語るなど滑稽千万である。

だが、なぜか日本のジャーナリストはジャーナリズムを熱く語る。たとえば自称「日本ジャーナリスト会議」。サイトでこう謳《うた》う。

《「再び戦争のためにペン、カメラ、マイクを取らない」――。日本ジャーナリスト会議はこの言葉を合い言葉に1955年以来、各分野のジャーナリストが活動を続けている日本で最も古く、唯一のジャーナリストの統一組織です》

日本語のジャーナリズムには、反戦平和の意味まであるらしい。古代ローマ人が聞いても、現代の英米人が聞いても驚くであろう。

アメリカのジャーナリストはどうか。二十世紀の米ジャーナリズムを代表するW・リップマンは、古典的な名著『世論』（岩波文庫）の冒頭で、有名な「洞窟の喩《たと》え」（プラトン『国家』）を引用する。

「思い描いてくれたまえ。人間たちが地下の洞窟のようなところに住んでいるんだ。（中略）足と首を鎖でつながれているものだから動くことができず、自分の前しか見ることができない。もちろん動くこともできない」

彼らの背後には燃える火があり、自分たちを含めた影しか見えていない。その影（疑似環境）を実体（現実）だと思ってしまう。洞窟の火を、新聞に置き換えれば、ジャーナリズムが生み出す疑似環境によって世論が形成されていく比喩《ひゆ》ともなろう。リップマンは続く第一章をこう書き出す。

「一九一四年のこと、大洋に浮かぶある島にイギリス人、フランス人、ドイツ人たちが住んでいた。島には電信も通じておらず、イギリスの郵便船がふた月に一度訪れるのみであった。その年九月、郵便船はまだ来ていなかった。そこで島の住民たちの話題といえば（以下略）」

ところが「実はもう六週間以上も前から」第一次世界大戦が始まっていた。「その間、島の人びとは現実には敵同士であったのに、まるで友人同士のように振舞っていたわけである。不思議な六週間であった」。「以上の例からもいえることだが顧みるとわれわれは、自分たちがその中に暮らしているにもかかわらず、周囲の状況をいかに間接的にしか知らないかに気づく」。

## 最も欠かせないメディアとは?

古典的名著の問題提起はいまも新鮮だ。一例を挙げよう。北朝鮮は二〇一六年四月十五日、IRBMムスダンを発射した。発射は失敗に終わったが、日本の安全保障上、死活的な意味を持つ。だが翌朝刊の一面で報じた「産経新聞」を除き、日本のマスコミは北朝鮮の動きを適切に報じなかった。同じ日に熊本地震が発災したからである。

ミサイル発射は「平和安全法制」(いわゆる安保法制)が施行された状態で行われた。政府は手の内を明かさないが、海自のイージスMD艦や空自の迎撃ミサイル「PAC3」が迎撃態勢をとったと推定する。加えて米軍も何らかの迎撃態勢をとった可能性がある。その場合、新法制で自衛隊法に新設された規定(第九十五条の二)により、自衛官は「合衆国軍隊等の部隊の武器等の防護のための武器の使用」が認められる。

さらに、グアムなどに着弾する蓋然性《がいぜんせい》があり、それを日本政府が「存立危機事態」と認定すれば、いわゆる集団的自衛権の限定的な行使(防衛出動による武力行使)も可能となる。

今回は空中爆発し、新法制の出番はなかったが、法的には初の適用となる可能性があった。その事実が持つ意義は重い。

だが「憲法違反」「解釈改憲」と批判してきた護憲派メディアを含め、以上の点を新聞もテレビも追及しなかった。この二年間の大騒ぎは何だったのか。いまなお野党や有名キャスターらが「廃止」を叫ぶが、本気で新法制に反対なら、今回の対応にも反対すべきだったのではないか。

甚大な被害をもたらした熊本地震を軽視するつもりはないが、産経購読者を除く大多数の日本人は、第一次世界大戦勃《ぼっ》発を知らなかった島民に譬《たと》えられよう。いま一度、名著の警句に耳を傾けたい。

「大衆が耳にする報道は、事実そのままの客観性を備えたものではなく、すでにある一定の行動型に合わせてステレオタイプ化された報道である」

「ニュースと真実とは同一物ではなく、はっきりと区別されなければならない」

現代日本を生きる我々は、多くの実例を想起できる。同書は「新聞報道は目の届かない環境と接触するための主要手段であるとして世間に広く認められている」とも書くが、その後、テレビが出現した。いまではインターネットが果たす役割が大きい。

事実、昨年NHKが実施した調査「日本人とテレビ」によると、この五年でテレビを「毎日」見る人の割合や視聴時間が減少、テレビに対する肯定的な意識も低下した。他方でネット動画を視聴する人は増え、若年層では多数の人が日常的に動画を視聴している。

端的な証例を挙げよう。「テレビ、ラジオ、インターネット、ビデオなどの映像ソフト、CDなどの音楽ソフト、新聞、雑誌、本」の八つのメディアのなかで「一番目に欠かせないメディア」を年層別にみると、この五年、二十〜五十代でインターネットが増加。二十、三十代ではインターネットがテレビを上回った。

同様の傾向は、総務省と東京大学との共同研究「平成二十六年　情報通信メディアの利用時間と情報行動に関する調査」でも見られる。三十代が「いち早く世の中のできごとや動きを知る」際に最も利用するメディアでは、インターネットがテレビを逆転した。

いまや「目の届かない環境と接触するための主要手段」は、新聞でもテレビでもない。間違いなく今後、インターネットがその座を奪う。その動きに、最近のテレビ報道は自ら拍車をかけている。具体例は本書の各章に譲るが、それらで「報道ステーション」や「NEWS23」を指弾《しだん》した。それが公正かつ正当な批判である論拠を以下に掲げる。

## もうマスコミは要らない

前出の「日本ジャーナリスト会議」との共同声明で《高市総務大臣の「電波停止」発言に厳重に抗議し、大臣の辞任を要求する》「放送を語る会」という団体がある。彼らが「ＮＨＫと民放キー局の代表的なニュース番組をモニターした結果」として、《テレビ朝日「報道ステーション」」、ＴＢＳ「ＮＥＷＳ23」が、政権を監視するジャーナリズムのスタンスで批判的な報道を展開していた》と評価した。具体的にこう述べる。

《「報道ステーション」の安保法案報道は、一貫して批判的報道を貫き、政権をウオッチするジャーナリズムの精神が保持されていたとみることができる。／とくに、憲法学者木村草太、政治学者中島岳志《たけし》、朝日新聞論説副主幹の立野純二という３人のレギュラーコメンテーターのコメントは、毎回、事態の動きと政権に対する鋭い批判を含んでいた。／この３人の批判的コメントが連日のように放送されたことは、今回のテレビ報道ではきわめて注目すべき現象だと言ってよい》

《「ＮＥＷＳ23」は、終始一貫して「安保関連法案」批判の姿勢を貫いていた。これはこの

番組の大きな特徴、個性といえる。／その批判的な姿勢は、主としてアンカーの岸井成格《しげただ》氏のコメントに顕著に表れていた》

事実関係はそのとおり。ただし同会が《「放送法遵守を求める視聴者の会」と称する団体が、放送法第4条を理由に「NEWS23」の岸井成格アンカーを名指しで非難する意見広告を出した》経緯を批判し、「毅然として対応する必要がある」と反発したのはいただけない。彼らの声明で「主としてアンカーの岸井成格氏のコメントに顕著に表れていた」と名指しするのはよくて、「視聴者の会」が名指しするのはダメらしい。褒めるのはよいが、けなすのはダメなのか。奇妙奇天烈《きてれつ》な論法である。

なお放送法（電波法）問題については『サンデー毎日』四月三日号や、本書第6章で詳論したので繰り返さない。

一七八七年、トマス・ジェファソン（第三代アメリカ大統領）はこう述べた。

「われわれの政府の基盤が、国民の意見である以上、第一の目的は、国民の権利を守ることである。新聞のない政府と、政府のない新聞のどちらをとるか、もしその判断を任されたなら、私は躊躇《ちゆうちよ》なく後者を選ぶだろう」

名句ながら、いまや「新聞」を例に語るのは無理がある。日米とも購読部数は落ちている。米国でも活字の新聞は多く、電子版にその座を奪われた。先の世論調査のとおりテレビも例外でない。私は「政府のないテレビ」など御免蒙《ごめんこうむ》りたい。私なら躊躇なく「テレビのない政府」を選ぶ。別にそれで困らないし、仕事への支障もない。現に先述したムスダン発射関連情報はマスメディアを介さず、政府の公式サイトから直接得た。テレビは何の役にも立たなかった。朝日新聞に至っては、オスプレイ投入を批判し、現場の足を引っ張った。誰のためにも、何の役にも立っていない。

日本の新聞やテレビは、真実でも事実でもなく、意見や主義主張を述べている。それがジャーナリズムだと勘違いしている。「実に奇怪な生き物である。現代の悪魔である」。インターネットの出現により、歴史上初めて、一人ひとりが最小のコストで世界中に発信できるようになった。情報の受け手に過ぎなかった我々が、いまや情報の送り手となり得る。名実とも「表現の自由」が与えられる時代になった。

いま我々が生きる場所は「地下の洞窟のようなところ」ではない。もう、足と首は鎖で繋がれていない。自由に動ける。

グローバル化した情報社会における主要なメディアはマスコミではない。彼らの時代は終わった。これからは私たち一人ひとりが主役である。

【著者略歴】
潮　匡人（うしお・まさと）

1960年、青森県生まれ。早稲田大学大学院法学研究科博士前期課程修了。早大法学部卒業後、航空自衛隊に入隊。第304飛行隊、航空総隊司令部幕僚、長官官房広報課勤務などを経て3等空佐で退官。その後、聖学院大学政治経済学部専任講師、帝京大学人間文化学科准教授などを歴任し、現在、拓殖大学日本文化研究所客員教授。

著書に『ウソが栄えりゃ、国が亡びる』(KKベストセラーズ)、『日本人が知らない安全保障学』(中公新書ラクレ)、『護憲派メディアの何が気持ち悪いのか』(PHP新書) ほか多数。

# そして誰も
# マスコミを信じなくなった
## 共産党化する日本のメディア

2016年10月3日　第1刷発行

著　　者　潮　匡人
発 行 者　土井尚道
発 行 所　株式会社　飛鳥新社
〒101-0003　東京都千代田区一ツ橋2-4-3　光文恒産ビル
電話　03-3263-7770（営業）　03-3263-7773（編集）
http://www.asukashinsha.co.jp
装　　幀　芦澤泰偉
印刷・製本　中央精版印刷株式会社

ISBN 978-4-86410-511-8

編集担当　工藤博海